七天改不了社會

七天改不了社會

關志健

香港城市大學出版社
City University of Hong Kong Press

國際統一書號：978-962-937-676-5

出版

香港城市大學出版社
香港九龍達之路
香港城市大學
網址：www.cityu.edu.hk/upress
電郵：upress@cityu.edu.hk

@2024 City University of Hong Kong

Essential Social Work

(in traditional Chinese characters)

ISBN: 978-962-937-676-5

Published by

City University of Hong Kong Press
Tat Chee Avenue
Kowloon, Hong Kong
Website: www.cityu.edu.hk/upress
E-mail: upress@cityu.edu.hk

Printed in Hong Kong

目錄

第一部份　對社會工作的基本了解

001 社工的冒起　2

002 社工註冊制　4

003 社工學位化　6

004 破傳統圍牆　8

005 通才和專才　10

006 重要的基礎　12

007 社工面面觀　14

008 中觀被忽略　16

009 社會的進步　18

010 社工本色化　20

011 主觀的色彩　22

012 專業的界線　24

013 談實證為本　26

014 判斷的依據　28

015 故事的角色　30

016 明確的使命　32

017 投身這一行　34

018 個人的質素　36

019 自我的運用　38

020 學習新體驗　40

021 愛心的源頭　42

022 何止講愛心　44

023 社工會下班　46

024 拒絕也有時　48

第二部份　社會工作的信念

025 接納每一位　54

026 熱情與投入　56

027 情感的表達　58

028 保密贏信任　60

029 案主的抉擇　62

030 人人皆不同　64

031 向自己負責　66

032 樹木與森林　68

033 平等與公平　70

034 月可印萬川　72

035 合適的手段　74

036 另類的霸權　76

037 負責任公民　78

038 內心的恐懼　80

039 可改變未來　82

第三部份　社工介入方法

040 評估要留神　86

041 見賢而思齊　88

042 組員的參與　90

043 擇偶的條件　92

044 留白的智慧　94

045 同坐一條船　96

046 組員的眼淚　98

047 同舟可共濟　100

048 曙光足球隊　102

049 生活的意義　104

050 上班要快樂　106

051 身教與言教　108

052 為弱勢發聲　110

053 語言的背後　112

054 正向心理學　114

第四部份　對服務使用者的了解

055 溫柔的問候　120

056 謊話的背後　122

057 殘障的因由　124

058 各有各故事　126

059 關心照顧者　128

060 觀點與角度　130

061 機會不屬我　132

062 人在環境中　134

063 接觸新一代　136

064 精彩黃昏時　138

065 靈性的追求　140

066 別視而不見　142

第五部份　社工管理與服務發展

067 為時代把脈　148
068 機構董事局　150
069 機構的個性　152
070 領導的優劣　154
071 服務的縫隙　156
072 創新的源頭　158
073 五關與六將　160
074 選拔要留神　162
075 人才不可失　164

076 服務的動力　166
077 需求五層次　168
078 公關和社福　170
079 文化敏銳度　172
080 以商達公益　174
081 雙方的協議　176
082 社企助共融　178
083 公益與盈利　180

第六部份　專業發展與持續學習

084 當畢業之後　186
085 社工的出身　188
086 學習的真諦　190
087 頭頂的天線　192
088 環境會食人　194
089 自我的探索　196
090 知識的來源　198
091 持續的學習　200
092 清晰的紀錄　202

093 迎新與送舊　204
094 七天改不了　206
095 共存的智慧　208
096 成長急不了　210
097 熱誠與怠倦　212
098 對抗無力感　214
099 妥協中堅持　216
100 局限中突破　218

序言

尚未踏入社會的大學生性格比較善良，對世界懷着許多純真的想像。他們心中有把公義的尺，同時又充滿理想，誓言要改變社會。在欣賞他們的同時，我也暗暗祝福他們，希望同學踏入社會這個大染缸以後，不要輕易被社會改變。

我不是浪漫之輩，不會説太多豪言壯語激勵同行，但如果有社工朋友振臂高呼我們能夠改變社會，我也深以為然。只是，我們要知道，不管是個人、團體還是整個社會，要改變也殊不容易。我們所期望的改變往往不會在瞬間發生，但人總要看見一點成果才有動力繼續勉勵前行，所以面對似乎紋絲不動的社會巨輪，我們很容易洩氣，甚至放棄長久以來的努力。我們會開始認定現實的桎梏堅不可摧，不論再怎樣努力，事物都還是老樣子。

但我卻不想言棄，也不願認命，畢竟社會工作專業本來就是在窄縫之間尋求突破。我並不相信，如果有一群人一直默默耕耘，在自己的崗位上克盡己責，若説社會完全沒有改變，大概是不可能的。我們有時看不見那些細微的改變，就正如有時我們看不見無形的風會傳播花粉，或是山邊的牆縫無緣無故就會開始冒出一點翠綠。年復一年，在花草盛開的季節，我們才會發覺，在不經意間，一些不起眼的角落長出了粉嫩的花朵或頑強的小草。而這樣的變化，在被注意到之前，都是點點滴滴地累積着，細微地轉變——可能只是兩個人對彼此多説了

一句心底話，可能是一個人的想法有一點點積極的改變，又或者是服務使用者願意多傾吐一點生活上的細節，僅此而已。

我們不能總是好高騖遠，想透過幾次面談或小組活動，就可以顯著提升參加者的自信心或社交能力。人的改變，大多不是立竿見影；人的成長，也是聚沙成塔而成。這個世界其實有許多像你一樣，渴望為社會、某個團體，或者只是為某個人帶來改變的人。生在你之前的，或是之後的，許許多多的前輩或後進者，很多時他們窮盡了一生都未必能夠達成目標。如果改變是那麼輕易的事情，那麼遍地都是諾貝爾獎得主了。因此，我希望心懷理想的人，不因未見成果而放棄。

我們不妨這樣想，我們每個人都在鋪一條路，通向一個美好的地方，我們走過了前人為我們鋪好的路了，但卻未必是看見終點的那些人——想想在我們之前鋪路的人，他們也不曾看見終點，但卻仍然不辭勞苦。你要相信只要一塊磚、一塊磚地鋪下去，終有一天會有人迎來所期許的終點。

第一部份
對社會工作的基本了解

社工的冒起

趁假日,和兩個女兒一起觀賞已故導演楚原的作品《可憐天下父母心》。故事描述五十年代的香港,一家七口在窮困、病患下的艱苦歲月。雖然是多年前的作品,但女兒們也出奇地留神。看到片中主角潦倒不堪,女兒不禁問:「不是有綜援的嗎?社工又在哪?」翻查資料,社會福利署在 1958 年才成立,而援助金是 1971 年才開始發放。

五十年代戰後的香港社會,充斥着貧窮、吸毒、失學等各類社會問題,政府在社會福利這一環的資源極少;擔當着重要支援角色的,反而是兩類社會團體。第一類是西方的宗教團體,為當時的香港提供了慈善援助和社會服務,因此現在很多社福機構都具基督教或天主教背景;另一類是宗親會及同鄉會等組織,扮演着贈醫施藥、扶弱濟貧的重要角色。六六及六七暴動後,香港政府加強社會服務,尤其大力支援青少年發展。香港大學也在這個時候,開辦社工訓練課程,培訓社工專業人才。隨後,港督麥理浩頒布新政,大幅增加政府在社會福利方面的開支,也漸漸確立社會工作的專業角色。

談到香港的社工發展，有一點不得不提，就是 1976 年在無綫電視播放的《北斗星》——一齣以寫實故事形式向香港人介紹了什麼是社會工作的電視劇集。電視劇播出之後，普羅市民認識了社會工作這一專業，更吸引了不少青少年對社工專業產生興趣，繼而投身這個行業。至今你還可能會聽到一些人以「北斗星」來稱呼社工呢！

觀念解說

社會福利（Social welfare）是指由社會福利署等政府部門及非政府機構為有需要群組所提供的服務，包括家庭及兒童服務、青少年服務、安老服務、釋囚服務、康復服務、社區發展服務及社會保障等服務。

社工註冊制

香港在 1997 年通過《社會工作者註冊條例》，社會工作者註冊局在翌年成立。按此條例規定，使用社工名銜跟醫生、律師等專業相似，受到規管。任何人未有註冊，而自稱「社工」或「社會工作者」，便屬違法。曾經有一位沒有社工註冊資格的議員，聲稱自己也是「一名社會工作者」，引來一場小風波。為避免誤墮法網，即使閣下「在社會裏工作」，也別使用「社會工作者」名銜。我也提醒我的社工學生，一天尚未註冊，也不要以「社工」自稱。

在社工註冊條例實施以後，社工的專業地位在香港得到確認。然而，這個制度存有一定爭議。有業界朋友擔心出現所謂的「專業霸權」。按他們的邏輯，社工註冊制度意味會把非我族類排斥於社工行列之外。他們質疑如此「自肥」行徑，與社工價值背道而馳。而當社工以專業身份自居，就難以跟服務使用者同行。而註冊制度也被視為對社工的一種操控，扼殺多元聲音。另一個經常被詬病的，是有關每年度的註冊費。不少社工朋友也抱怨每年繳交數百元，卻看不到有什麼

用處。有少部份反對註冊制度的朋友堅持不肯註冊，另一些朋友乖乖的註冊，卻不是心甘情願，每年也「含淚續期」。

得指出，社工註冊局並非社工的工會。註冊局的設立，也不在於為社工爭取權益。它的主要角色在於確保社會工作者的專業水平，最終令服務使用者及公眾的利益得到保障。如果沒有註冊制度，任何人也可以以「社會工作者」身份提供服務，究竟是好事還是壞事？如果沒有監管機制的話，業界當中有害群之馬，我們便束手無策，這又豈是各位同工所樂見？

觀念解說

社工如同其他專業人士一樣，需要透過修讀相關課程以符合註冊資格，並向社會工作者註冊局取得註冊，才可使用「註冊社會工作者」的稱號。

社工學位化

在香港，社工課程有三個學歷程度，分別為副學位（文憑、高級文憑及副學士）、學士學位和碩士學位，其中門檻最低的是副學位。香港社會工作人員協會於 2011 年提出社工學位化的建議，但由於未具有認可學位的社工眾多（現在仍超過三成），可想而知，該建議遭到強烈反對。反對者認為，一位社工是好是壞，與他是否擁有學位根本無關。

由於早年香港社工人手短缺，因此在推行社工註冊制度時，也把不少副學位學歷社工包括在內。我有八年時間在社區學院任教社工副學士課程，認識許多優秀的副學位社工。他們對社工業界以至整個社會的貢獻，是不可抹殺的。然而，在不影響現職社工資歷認可的情況下，我們或需要考慮，是否應該提升新入職社工的門檻。觀乎全球不同地方，以學士甚至碩士作為社工入職門檻也很普遍，而在香港，不少專業也邁向，或早已學位化了。其實，只有兩年的社工副學位課程，內容可能比較單薄，不少完成副學位課程的學生，都會選擇繼續深造，接受訓練。

這個話題不好談，因為會得罪人。但我仍大膽請求反對者思考現況：第一，香港已推行了普及教育，入大學的機會比以往高。第二，現在社工需具備的知識、技巧比以往複雜，例如文化敏銳性、精神健康、跨界別合作等，但要把各種各樣的內容通通放進兩年的社工課程裏，並非易事。

觀念解說

社工學位化指社工註冊門檻提升至學位水平，以確保服務質素。現時一些社工職位需由學位社工擔任。

破傳統圍牆

有同學以為，個案工作和小組工作應歸為一類，社區工作則歸另一類，兩者互不相干。例如當同學在實習時，被派往長者中心等單位工作，就想當然地預計自己將負責帶領小組及與案主面談，而不用探討法律、政策等宏觀議題。至於一些派至社區工作單位實習的同學，則以為自己主要在街頭抗議，協助街坊發聲云云。有同學甚至誤以為，從事社區工作，可暫且把個案工作等技巧拋諸腦後。

人世間的問題，彼此間往往有千絲萬縷的關係，互相影響。要順利解決問題，社工便要採取「多層面介入方法」。因此，同學要掌握廣泛的介入手法。為幫助同學對社工介入有比較整全的了解，我在教學時，會以介入的時間軸線為經，並以不同層面介入的手法為緯，希望同學知道，不管哪個層面的介入方法，也大概有「訂定期」、「評估期」、「介入期」和「終結期」等不同階段。而各介入手法所涉及的原理亦大同小異；例如在介入個案工作之前，我們要先評估服務對象的特性和需要；介入社區工作也如是。

個案、小組工作和社區工作並非風馬牛不相及。容我補充，「社區工作者」其實亦須花上大量的時間進行家訪、舉辦居民小組等；個案工作、小組工作等技巧也大派用場。至於被視為「個案工作者」的同工，也應該肩負社區教育、政策倡導等責任。即使因受聘機構所限，不得不專注於個案和小組工作之上，同工亦絕對可用個人身份，為整個社會的改變出一分力。

觀念解說

多層面介入方法（Multileveled intervention approach）透過運用不同層面的介入手法，為服務使用者帶來改變。

通才和專才

香港主要採用「通才教育」的模式培訓社工學生。社會工作者註冊局所認可的一系列課程,均屬社會工作首學位,向學生傳授廣泛的社會工作知識和技巧。成功完成這些課程的學生均屬「通才社工」,應已具備一定的專業基礎及能力,並能綜合不同層面的介入手法,為各類型的服務使用者提供初階的評估及介入。

社工每天所面對的服務對象非常廣泛,所以經常需要運用各式各樣的手法,並需從不同的層面進行介入,才能照顧服務使用者的各種需要。然而,正如普通科醫生一樣,他們不可能懂得治療各類的病患;而即使是身為「通才」的社工,我們也不可能熟知各類服務使用者的需要,也不可能通曉全部服務的介入手法。當普通科醫生發現病人需作進一步的專科跟進時,他們往往會作出轉介。同理,當服務使用者的情況需要專門的服務跟進時,也理應轉介他們至能夠提供適切服務的單位,或受過有關專門訓練的社工同工。不過,與醫療的概念有點不同,於香港現時的社工註冊制度裏,並沒設有「專科社工」。社會工作者註冊局曾嘗試推動「社會工作者自願社會工作專科化登記計劃」,可惜遭部份業內同工強烈反對。現在社會工作人員協會也嘗

試發展社工專科認證，但由於欠缺誘因，暫時未見社工踴躍參與。

至今，社工業界仍未能就專科化達成共識。有意見認為設立專科登記制度，變相不鼓勵同工由一服務範疇轉往另一範疇。而私人執業的社工極少，絕大部份服務使用者可透過不同的服務單位尋求合適、專門的社工服務。然而，即使沒有專科登記制度，專科化其實也會自然而生。剛從學院畢業的「通才社工」，當他投身某一服務領域之後（如長者、家庭及青少年等），往往能通過累積相關實務經驗和進修，而成為該領域的「專才社工」。

觀念解說

完成社會工作首學位的畢業生，屬通才社工（Social work generalist），通過累積相關實務經驗和進修後，將成為某服務領域的專才社工（Social work specialist）。

重要的基礎

價值觀、知識和技巧，均為社會工作者實務工作的基礎——想成為稱職的社工，必須具備這三大元素，缺一不可。沒有價值觀的社工，就像沒有靈魂的軀殼，可被任意擺布。須知道，知識和技巧有如一把雙刃劍，我們可用於達成良善的目的，鞏固服務的發展；但心存不軌的人，亦可將之用於邪惡的目的，損害服務使用者，甚至社會的利益。因此，每位社工也需要持守我們的專業價值，包括對人的尊重，和對公義、人權的執着等。

社工如缺乏知識或理論基礎薄弱，會顯得不明事理，而前線服務不單會因此而徒勞無功，甚至會適得其反。如果我們純粹交出一片好心，不一定可以促成一件「好事」。我們對知識的重視，正正能讓社會工作從義務工作，甚至大眾之間的一般助人行為中區別出來。社工需要掌握的知識繁多，包括心理學、社會學、社會政策和法律等。這些知識豐富了社工的眼界，從而提升了他們的敏感度，使他們能在實務工作中作出比較穩妥的判斷。由於社會急速變化，社會工作也應該緊貼時代的步伐與轉變。因此，社工需要與時俱進，學懂如何搜尋資料和

學習日新月異的知識，並通過持續進修，讓服務推陳出新，以回應時代和環境的需要。

即使能夠持守專業價值，並具扎實的知識基礎，但若果技巧欠奉，也不足以成為及格的社工。技巧不足的社工，他們的工作往往只會淪為紙上談兵——即使有滿腦子想法，也會因無力付諸實行而以失敗告終。在實務中，社工需要的技巧很多，例如溝通、應對與帶領活動的技巧等。學習這些技巧沒有捷徑，需要透過長時間的鍛鍊，才可熟能生巧。

觀念解說

要成為稱職的社會工作者，需要具備正確的社工價值觀（Values）、扎實的知識（Knowledge）和純熟的技巧（Skills），缺一不可。

社工面面觀

社工的工作可以分為三個層面；最為人所知的，通常是「微觀介入」（Micro intervention）的工作。我對社工專業的認知，也從這個層面開始。小時候，我發覺有同學可以不用上課，到社工房跟學校社工傾談心事。我後來知道，社會上也有專責家庭服務的社工，會為一些家庭排難解紛。我了解到，個人或家庭也可以是社工的服務對象。但那時候，我對社工的認知仍十分片面。想起社工的工作，就只想到面談室、兩張椅和一盆花。

直至我修讀社工課程，才開始認識什麼是「宏觀介入」（Macro intervention）。原來，除了提供個人和家庭輔導之外，社工也要跳出面談室，關懷我們的社會。如《註冊社會工作者工作守則》所言，社工「有責任維護人權及促進社會公義」。如果我們要確實履行這個專業使命，就不應只側重個人層面的心理輔導。要知道，人身處在社會之中，社會結構性因素對個人的生活有重大影響。有些時候，社工的服務對象，不再只是個人、小組或家庭，而是整個社會。因此，公眾教育、政策倡議及立法游説等等，也屬於社工的工作範圍。

在陳章明老師的指導下，我第二次社工實習時，便有機會體驗到什麼是「中觀介入」（Mezzo intervention）。當時我獲派往一所公營醫院實習，但要協助的主要對象竟然不是醫院裏的病人，而是在裏面工作的醫生和護士！該醫院使用率偏低，但社區人士對醫療服務需求殷切。於是，我夥拍醫護人員，並聯繫地區團體，試行社區流動醫療服務。當時有同學覺得，我實習所做的，不像社工的平常工作；但我卻知道，在推行計劃的過程中，可推動醫護人員走入社區，也嘗試簡化複雜的專科轉介程序。這些機構內的改變（Institutional change），不也會讓街坊受惠嗎？

觀念解説

社工介入的層面，可按目標對象的規模，分為宏觀（Macro）、中觀（Mezzo）和微觀（Micro）。

中觀被忽略

有一個這樣的說法：在家排行中間的孩子，較容易受父母忽略。我有一個哥哥和一個弟弟，但卻覺得父母對我的照顧恰到好處，所以不肯定這個說法是否成立。但在社會工作範疇卻可以印證這個說法——在宏觀、中觀和微觀三個社會工作介入層面裏，排在中間的中觀介入（Mezzo intervention）往往被社會工作者以及學者所忽略。

生態系統理論（Ecological Systems Theory）是社會工作廣為人知的學說，它提醒社會工作者要從不同層面介入。微觀介入的目標對象較小，通常是指個人和小組。宏觀介入的對象則通常較為宏大龐雜，可能是整個社會和文化。那什麼是中觀介入呢？中觀介入的目標對象應該是具中等規模，例如有相當規模的團體、企業等。以協助殘疾人士就業為例，社工可以為他們個人提供微觀層面的輔導或培訓，以提升其自尊心和社交能力。至於宏觀層面，社工可以透過倡議工作推動法律改革，以保障殘疾人士就業的權益，例如香港不少社工一直為殘疾人士爭取引入就業配額制度。但中觀層面介入往

往被忽略，例如社會福利署相關的《津貼及服務協議》，焦點也落在服務使用者個人的改變之上，對企業層面的改變隻字不提。

三個介入層面是缺一不可的。假如社工提供的微觀層面介入，讓殘疾人士裝備好自己，投身職場，同時社工成功爭取政府推行就業配額制，是否就能夠讓殘疾人士成功就業？現時企業主管和同事對殘疾人士缺乏理解和接納，即使殘疾人士獲得聘用，也很難真正融入其中。因此，社工同工必須在中觀層面加把勁，努力推動職場共融的企業文化。

觀念解說

中觀層面（Mezzo level）的介入是指通過組織層面的改變，達至社會工作的使命。

社會的進步

現代社會講求理性，令社會運作井然有序，但別輕忽一些看似「不合理」的人對社會的貢獻。想社會有所進步，就必須有人敢於顛覆傳統。就如劇作家蕭伯納（George Bernard Shaw）的名言：「合理的人讓自己適應這個世界，不合理的人堅持使世界適應自己，因此所有的進步都有賴不合理的人。」

一些傳統觀念根深蒂固，不容易改變。電影《司法女王》（*On the Basis of Sex*）講述美國最高法院大法官金斯伯格（Ruth Bader Ginsburg）求學及為性別平權而奮鬥的故事。電影中可以看到，在五十年代，美國的大學教授竟也執迷於男尊女卑的封建想法。法學院院長在新生迎新晚會上，質問幾位考進法學院的女生：「妳們為什麼來霸佔這些本該屬於男生的學位？」主角正是其中一位「不合理霸佔」學位的女生。雖然她成績超卓，但仍屢遭歧視。畢業後，到多間律師事務所應徵，仍然找不到工作。後來她走上推動性別平權之路，嘗

試透過司法訴訟打破性別不平等的局面,卻被當局批評她「推行激烈的社會改革」。

社會工作者也應該致力推動社會不斷前進,包括爭取性別平等和其他保障人權的目標。或許,社會人士未必能完全理解、接受某些社會工作的主張和做法,甚至視之為「不合理」的舉措。但我們要明白社會進步需時,急也急不了,因此我們唯有繼續堅持所信,在合法的情況下,以各種方式向社會解說目標和理念。或許,數十年後回望,我們會因為看見社會的改變而感到欣喜。

觀念解說

社會工作者須致力推動倡議等工作,促進社會進步及改變,期望達至社會公義(Social justice)。

社工本色化

社會工作既然源於西方,自然有濃厚的西方色彩。而西方價值和我們不盡相同,例如西方文化強調個人主義,東方文化則比較考慮集體利益、尊重權威。若把西方的一套照搬過來,可能會出現「水土不服」。然而,社會工作學的知識發展,可說是由西方主導,君不見主流的教科書和期刊,也多出自英語世界?

基於以上情況,早年的香港社工學者,都熱衷於探究社會工作的「本色化」。我相信,追求「本色化社會工作」這一方向,大抵也符合社會工作以人為本的信念。然而,如何達成「本色化社會工作」這個目標仍然值得深思。一個常見的想法是,嘗試把西方的學說修正、補充,然後再供本地社工使用。我稱這為「上而下」的本色化進路,是由社工學者擔當關鍵角色。但文化是會演進的,而國與國之間也會互相交流,文化差異並不容易簡單二分。靠象牙塔內的人代為甄選,決定哪些理論元素比較符合本地需要是否最恰當呢?我們也應該質疑:前線社工進行實務工作時,是否真的倚重學者研究出來的正規知識?

得指出，前線社工其實一直都從「在地」層面進行本色化工作。假如社工本身也在本地成長、生活，自然也擁有了一定的在地文化知識。而任何稱職的社工，與本地服務使用者接觸時，也自會考慮他們的文化處境，而不會把任何理論生搬硬套。因此，社工所累積的本地實務經驗，蘊含着重要的「在地」知識。只要從中加以發掘和整理，或能夠發展出適合本土的社會工作知識了。

觀念解說

本色化社會工作（Indigenous social work），會考慮到服務使用者身處於當地的文化和價值觀等，以提供適切的服務。

主觀的色彩

社會工作是一門艱深的學問。跟護理或工程等專業不同,社工在實踐時,多沒有具體和清晰的指引可依。社工要憑藉自身的知識、經驗和信念,就個別情況作出專業的判斷。要留意,這些專業判斷難免滲有主觀的成份,無法一一以客觀、科學的方式陳明。

但不少社工學生仍然相信,社工非要達到客觀持平不可,任何不可量化的東西都要拒之門外。但我敢保證,追求純客觀的社會工作,注定無功而還。更甚的是,若社工朋友未能確認介入具有主觀的成份,或會自以為客觀,忽略了自己的盲點。例如,一些社工學生在記錄介入過程時,顯得過於抽離。他們不敢以第一人稱描述過程,而一律改稱自己為「工作員」。他們鮮少描寫自己在介入過程中的思緒和感受,也因此他們不夠敏於自我反思。

有人相信,自己是基於客觀的理論行事,但他們大概忽略了主觀因素的影響。當然,社工應盡可能在下決定前細心評估,衡量不同介入

方法的利弊。行事不單止講求充足理
據，也必須為其專業決定承擔責任。
正因為社工自己高度參與介入過程，
更要謙虛省察自身，也要尋求督導支
援，避免因自己的偏見或冒失，而令
服務使用者利益受損。

觀念解說

作為助人專業，社工應該兼
顧主觀理解和客觀理論，去
選擇最適合服務使用者的介
入方法。

專業的界線

有一次，我的身體忽然出現不尋常的癥狀，便到家庭醫生診所求診。醫生細心了解之後，認為情況不容小覷，於是轉介我到專科作更詳細的檢查。我懷着忐忑的心情，跟從醫囑接受進一步檢查，幸好只是虛驚一場。我之後在街上碰到那位醫生，便急不及待想向他報平安。可惜，他只是對着我點頭打招呼，彷彿對我的情況毫無印象。

由於診所在我居所附近，幾年間若有身體不適，也會光顧。可是，我與醫生並不熟絡，自然也不能期望醫生把我的情況記在心上。然而，當我隔一段時間因為傷風感冒之類的小毛病求診時，他也沒有詢問我之前的檢查結果，令我有點兒失望。雖然醫生和病人之間，須保持專業界線（包括不應有不必要的身體接觸，也要避免向病人查詢與臨床無關的事情），但關注和跟進病人的病況，絕對沒有違反倫理。社會工作者和服務使用者也有一些交往的倫理界線，例如：社工不會為自己的親友、同事開案，以避免利益衝突；社工與服務者之間，不適宜透過個人社交網站互相交流，更不可有金錢往來或親密的個人關係。

這些界線確有其需要，尤其可避免某些社工濫用自己的影響力，令服務使用者蒙受剝削或傷害。然而，如果矯枉過正，可能又會變得過於冷漠，甚至未能適切關注服務使用者的需要。人與人之間，有比較人性化的交流才合情理。我們應該以友善態度跟服務使用者相處。只要拿捏得宜，其實與他們建立友誼也並非絕對不可。同工若有疑惑，當向督導尋求意見。

觀念解説

社工的專業界線（Boundary）應該要拿捏得宜，過分冷漠或不清晰的界線都會影響社會工作的專業。

談實證為本

你應該不曾聽到如此說法:「有研究發現,年青人應該孝順父母」。這是因為,科學證據只可解答「是否」的問題。至於「應該與否」的問題,是關乎道德信念與抉擇,不能靠科學實驗來驗證。這是科學的局限,也是實證為本方法的局限。社會工作是一門科學,也是一門藝術。社工日常工作裏,面對的不光是「是否」,也有「應該與否」的問題。

實證為本的原則備受社工界推崇。現在社工遞交服務計劃或報告書時,都要強調證據。實證為本派最重視的,是「什麼才是具效用的方法」。什麼算有效用?這裏的效用,不是按個人主觀經驗,而須以嚴謹的方法來獲取有力證據。社會工作者需要基於科學證據引導他們的工作。也因此,他們需要掌握最新的研究結果,並應用在實務之上。而根據實證為本倡議者的想法,成效不彰或沒有證據證明有效的介入方法,都應棄絕。以數字、事實,為介入提供清晰有力的根據,聽上來是合理不過。而在醫學層面,實證為本有助醫護人員尋找有效的治療方法,去治療罹患某些疾病的患者。但是,實證為本方法放在社會

工作實務上有相當的局限，支撐不了
複雜的社工介入。

許多時候，社工需要作出不同的價值
判斷。況且，服務使用者的需要並不
一定有清楚界定。怎樣去決定服務使
用者有沒有需要，以及有什麼需要，
也是關乎價值判斷。例如，當有社工
得知某年輕人「沉溺」上網，當然可
翻查研究，以制定一個有效的介入計
劃去幫助他。但是，社工需要先弄清
楚的是：那年輕人應該還是不應該花
時間在網絡世界？如果上網是他的意
願，成年人應否阻止他？年輕人花長
時間在網絡之上，反映了什麼？

觀念解說

實證為本（Evidence-based
practice）是社工經過充分資
料收集及研究臨床經驗，以
判斷並提供最適合的介入方
法，以協助服務使用者。

014

判斷的依據

社會工作者不可只按本子辦事，而需按照實際情況，作出大大小小的判斷，包括：什麼情況需要我們去介入、如何介入，以及何時介入等等。這些決定，對於服務使用者可以帶來重要影響。那麼，我們值得探究，社工是憑藉什麼的依據，以支撐實務時的判斷。

實證為本的支持者認為，凡事也要講求證據。因此，社工們不應該盲從慣例、權威及直覺等行事；這個說法很有道理！這就如醫護人員也是依循證據選取最佳的醫療方案，十分合理。譬如說，要預防某種傳染病，就需要看看證據顯示接種哪種疫苗最有效、最安全，而不是由醫生隨心挑選。通過進行嚴格和有系統的研究（如隨機對照試驗），我們便可以知道哪個治療方法是最有效的。醫護人員往往逐漸發現到，某些舊有的醫療觀點並不站得住腳。基於證據把舊有的方法修正，才能保障病人的權益。專業判斷扎根於事實，是恰當的。但讀者需要留心，以上所說的邏輯並不可以完全套用於社會工作之上。

跟醫護的情況不同，社工所需要處理的問題通常未有清楚的界定。在複雜、多變的實務情況下，社工所作的判斷，不止關乎哪個方法（Means）最為有效，也在於弄清楚介入的目的（End）。有效方案可以透過尋找證據而得知，但要知道哪個介入目的符合某個特定情況，卻不可純粹透過蒐集證據而得知。若明白了這一點，便會理解為何「實證為本」這概念在業界推廣多時，仍未被前線同工普遍採用。

觀念解說

以證據為基礎的實務固然有其可取之處，但套用於社會工作之上，往往須結合不同情況的考量。

故事的角色

在社工介入過程中，「案主」（Client）通常是指社工協助的服務對象。「案主」亦可被稱為「服務使用者」（Service user）或「顧客」（Customer）。不管怎樣稱呼，我們總希望接受社工服務的人士，可得到實際上或心靈上的幫助。我喜愛選用「案主」一詞，因可顧名思義，提醒我們誰是一案之主。《註冊社會工作者工作守則》亦清楚列明，「社工首要的責任是向服務對象負責」。那麼，當界定清楚案主是誰，便讓我們知道社工要向誰負責。

同樣要弄清的，是「目標對象」（Target）之所在。要知道，解鈴還需繫鈴人；認不清問題的癥結和關鍵，就難找到合適的切入點。當準備介入時，社工須細心探討哪處才是問題的焦點。若能找出問題的根源，就可避免出現治標不治本的情況。為使案主突破困局，某些改變乃在所難免。有些情況下，要改變的，恰恰是案主自己。另一些情況，也需要案主的家人、同事或其他人士共同改變。得指出，也有一些情況，案主自己沒有改變的需要和責任。若硬要案主改變以迎合周邊環境，或有「怪罪受害人」之嫌。

界定誰是「案主」和「目標對象」，屬於重要的專業判斷。這既反映社工對問題的看法，也關乎整個介入的方向。世間事情往往錯綜複雜，社工非細心評估不可。我見過一些同學，在分析社區問題時有欠謹慎，例必視特首或高官為「首要目標對象」（Primary target），叫我納悶非常。我不是要替特首和高官喊冤，但我懷疑，簡單地把上天下地的各類問題歸咎於政府一方，又是否合道理？

觀念解說

當受害者遭受到傷害，反而被他人指責須負上完全或部份責任時，就會發生怪罪受害人（Blame the victim）的情況。

明確的使命

大概不會有人説：「既然無所事事，不如成立一所 NGO 吧！然後，要運作下去，就看政府有什麼服務計劃，可讓我們這所 NGO 競投。」一所 NGO（Non-governmental organization，非政府組織）的成立，總應該是由志同道合者，基於一些共同理念而開始，往後也應就着本身的使命發展。NGOs 不應淪為純粹的「受津助機構」（Subvented agencies），為了繼續可以「受津助」而大小通吃，什麼也競投。倚重撥款而不顧本身理念，就容易本末倒置、迷失方向，終令機構變得不倫不類。

非政府組織的得天獨厚之處，在於其能獨立於當權者，為社會作出「由下而上」的改變。過去 NGOs 在沒有政府津助下，便先行推出各樣創新服務，回應社會需要。當時，香港社會服務聯會的許賢發先生甚至敢於稱 NGOs 為「福利服務擴展的先鋒」。這是多麼優美的傳統！因為我們很難期望辦公室裏的官僚系統，可以清楚掌握服務需要；也不期望政府部門可隨時靈活地回應社會所需。身處在前線的同工，你們不説，誰説？你們不幹，誰幹？但可惜，當 NGOs 長期

依賴政府資源，就容易成為社會福利署的分支，甚或政府附庸。

一所具有清楚目標、明確使命的 NGO，才不用像一隻飢餓又可憐的小狗，向主人張開嘴巴，等待餵食。高瞻遠矚的 NGO，自當努力推廣其理念，諸如透過媒體倡導（Media advocacy）等推廣方法，宣揚自己的信念，讓社會以及當權者認識其所提供的服務有何迫切性。如果一個服務計劃真的饒富意義，而主事人又能清楚說明計劃對社會的貢獻，自然會吸引義工參與和金錢捐助。贏了輿論支持，也就水到渠成。

觀念解說

目前香港很多社福機構也是受津助機構（Subvented agency），由政府發放津助，以維持相當部份的日常運作開支。

017

投身這一行

在社工課程入學面試中，很多時會聽到申請者強調自己「很想幫助他人」；然而，要是想幫助他人，也可以當廚師、警察、工程師等等；各行各業，其實都可以用不同的方式貢獻社會，不用總以為社工這一行的地位特別崇高。若真的要比較，義工是無償的工作，不是更加可敬嗎？

另一個常見的情況，是申請者會談及自己成長中有什麼刻骨銘心的經歷，以及過程中曾經得到社工的幫忙，於是立志要投身社工行列。能夠說出自己為何對社工這一行業產生興趣是好的；而個人的成長經歷，或曾遇過的良師，的確可以成為當社工的動力。但部份申請者在面試敘述這些經歷時顯得過於激動，甚至聲淚俱下，則未必合適。社工畢竟不時會接觸社會上的陰暗面，包括個人和家庭的悲劇，因此保持情緒穩定是相當重要的一環。於我看，要入讀社工課程，不一定要有賺人熱淚的故事。若申請者顯示出自己對社會工

作有基本認識，並能夠說出自己的抱負，又或講述投身這一行業的意義，大抵已經很不錯。

也有申請者誤以為，當社工就需要有外向、好動等個人特質。其實，對於什麼人才適合當社工，連社工老師之間也未有清楚的共識。社工當然需要良好的溝通能力，並以友善的態度待人接物，但這些條件不一定限制社工的個性。畢竟，如果想令社工這個行業繼續壯大，就更應該吸納不同性格特質的人士加入才對。

觀念解說

社工須不時回顧自己的初心和抱負，進行反思，有助於個人的專業成長。

個人的質素

幾年的社工訓練，會培養學生具備社會工作者質素，當中的訓練元素包括專業知識、價值及技巧。我的老師徐永德博士在這三者之外，提出個人質素也是重要的一環。這個說法很有見地，歸根究底，我們要當一個怎樣的社工，也關乎於我們是一個怎樣的人[1]。那麼，成為社工需要培養什麼個人質素呢？

首先，社工需要具有人文關懷，不只着眼於自身利益，且致力於維護人的尊嚴，以及改善社會上不同人的生活條件，從而讓所有人行使基本人權。每個人也有偏執之處，但社工要有自省能力，不把自己的想法強加於服務使用者。社工也要對他人的生命故事有好奇心，樂於深入了解社會的情況；過程中要具備一定的人際觸覺，懂得人情世故。與服務使用者接觸時，要善於聆聽，明白他們委婉的說話。若對服務使用者的情況懵然不知，就容易錯失協助案主成長的機會。服務使用者的情況往往很複雜，社工需要具備良好的思考能力，抽絲剝繭找出問題癥結所在。同時，要隨機應變抓緊時機，適時回應。社工不時要處理一些突發情況，需要保持冷靜，臨危不亂。

社工該具備前瞻視野，以服務使用者的福祉為目標，力求上進。在協助服務使用者改變時，過程通常都不太順利。社工既要在受到挫折時迎難而上，也要懂得衡量輕重、進退得宜，不抱殘守缺，並且運用創意爭取改變的可能。而社工接觸不少受情緒困擾、處境艱難的服務使用者，更要保持精神健康，否則就很容易對工作怠倦。

註釋

1 Chui, E. (2005) *Assessment in Professional Training in Higher Education: An Exploration into the Issues of Assessment in Social Work Field Education in Hong Kong*. Doctor of Education Thesis, University of Bristol, UK.

觀念解說

個人質素（Personal qualities）是影響社工價值觀和介入方法的重要因素，亦是社工課程需培養的訓練元素。

自我的運用

過去我們重視社會工作的自我（Self），包括注重社工的個人質素和成長。而社工的督導傳統，也能確保社工更能妥當地運用自我。可是，現在有一個趨勢，傾向講求外在的技術，而忽略自我探索。有一些社工甚至以為自我運用（Use of self）是一種技術而已（如在輔導時的自我披露）。

得指出，自我運用是必然會發生，不運用自我並不可能。在服務使用者時，往往需要在電光火石之間作出回應，未必容許社工詳細思考。我們有什麼信念、想法、感受和性情，就在這些時候不經意的表達出來；而我們這些傾向也受限於我們的個人成長、家庭經歷等。有社工朋友或會擔心，依賴自我行事令專業實踐過於主觀、缺乏基礎，因此他們寧願依據理論行事。但要知道，介入理論多不勝數，我們採用什麼學派的理論，很大程度上受我們的自我所主宰。我不是說，社工可以縱容自我，隨心所欲地進行介入。相反，我們有責任避免濫用或者誤用自我。

我們每個人也有一些偏執，以至一些
內心的傷患，若欠缺足夠的敏銳度，
我們或會把自身的個人想法和情感需
要投射、強加在服務使用者身上。我
們需確保服務是以服務使用者的利益
為重，故好好的自我認識和反思乃必
不可少。自己的盲點，顧名思義，是
自己不會察覺，故需要尋求督導的
協助。

觀念解說

社工自身就是我們助人的主
要工具，自我運用（Use of
self）必然出現。但社工需
要避免濫用或者誤用自我的
情況。

學習新體驗

趁開學不久，我爭取機會聽聽新生的學習體驗。這批學生畢業於不同的本科學位課程，想透過進修轉行成為社工。由另一些學術領域轉往社會工作，大概需要一點時間才能適應，畢竟學習的方法及思考的模式，也大相逕庭。有畢業於新聞系的同學便認為，以往課堂所教的內容都比較明確，會清晰列明處理新聞的要求和有關工作流程；相比之下，現在的課程內容雖然趣味盎然，卻有點「虛」。

那位同學分享過後便打圓場，稱這只是首星期上社工課的感覺而已。但我告訴她，這種「不踏實」的感覺可能會維持一段時間，而這種感覺大概和社會工作的性質有關。不是嗎？教科書當然會載有社工原則、理論和介入方法，但在實務時，我們總不能將這些知識生搬硬套。因為，社工需要顧及和尊重每位服務使用者的獨特處境，綜合不同的資訊，然後才作出評估和判斷。再者，同學除了要裝備知識和技巧，亦要加強臨場判斷能力。在很多情況下，其實我們也沒有標準介入方案，而需視乎實際情況而作適當判斷。有些時候，同學或會覺得

老師的說法模棱兩可。對於習慣工作時有章可循的同學，這種不確定該會帶來一定程度的焦慮。

同學的困擾值得老師多加注意，但他們也需理解，學習過程本身也會讓人經歷一定的迷惘。如歌德所言：「人們只有在知道自己懂得很少的時候，才說得上有了深知。懷疑會隨着知識多了而增加。」社會工作的實踐環境複雜多變，所以學習這門學問更需一點耐性。不過通過課堂的學習，以及閱讀、思考和具體實踐，同學會漸漸悟出對社會工作的個人見解，並建立實務工作的能力。

觀念解說

社會工作是對人的工作，實踐場景複雜多變，社工的臨場判斷能力十分重要。

愛心的源頭

眾所周知，社會工作是一個講求愛心的行業。沒有愛心的話，我們什麼社工也不是。很多服務使用者之所以願意努力作出改變，主要並不是因為我們運用了什麼超卓的介入技巧，也不是我們運用了什麼理論；他們的改變，源於他們感受到社工對他們不離不棄，不想令姑娘或阿 Sir 失望。

若然愛心不足的話，很快便會在工作上得過且過，變得營營役役。面對服務使用者稍微棘手的問題，便只想設法打發他們離開。服務使用者也不是無知之輩，一旦他們看穿社工沒有盡心幫助他們，便不會對社工打開心扉。在香港，社會工作算是一份待遇不錯的職業，因此吸引了不少中六學生報讀這學科。我沒有貶損學生志向的意思，規劃職涯時考慮到待遇乃人之常情。這些同學當中，也不乏將來會忠於專業、盡責的明日棟樑。我只是想說，若只是為了薪金而當社工，那麼工作時很快便會失去驅動力，容易怠倦。長期面對形形色色的服務使用者，跟空閒或假日去當義工是完全不同的經

驗，一週五天都要履行社工的職責關
顧服務使用者是相當耗費心力的。在
選擇這個職業前應該撫心自問，自己
怎樣才能有源源不絕的愛心，去關心
不同的服務使用者呢？

在課堂上，老師和教科書可能講解了
一些利他主義的概念，鼓勵社工學生
要關顧他人的利益，尤其要關心被欺
壓的貧苦大眾。但我相信一個重要的
愛心來源，是曾經有人對我們施以關
愛。關愛精神是會傳染的，且可代代
相傳。有昨天對我們好的人，我們今
天才會懂得關顧其他人。

觀念解說

利他主義（Altruism）是一種
無私的精神，指人願意為他
人的幸福着想。

何止講愛心

提起社會工作，一般大眾容易會聯想到好人好事。浮現出的畫面，往往是「愛心爆棚」的社工無私地為關懷老弱貧苦而馬不停蹄。因社會工作的源起其實與宗教團體的慈惠活動息息相關，所以衍生出這個刻板印象着實不足為奇。而我們香港每年舉行的社工選舉，都傾向描述及表揚同工一些賺人熱淚的助人經歷，營造社工滿有愛心的形象。

而其實，社工已成為現代社會眾多職業之一，也是一份受薪的工作，並非不求報酬。我當然認同社工是一份有意義的工作，但我卻認為我們不用把社工的工作描繪得特別偉大。那麼，社工是否「好人」呢？我會說，絕大部份選擇入行的人也有服務人群的志向，對社會有承擔感。但香港目前有二萬多名社工，樹大當然有枯枝。還必須指出，要做一位稱職的社工，肯定不能單靠愛心和熱誠。我們的實務工作其實也需要建基於專業原則和知識，並講求合適的技巧和策略；單憑一股傻勁去服務，效果不一定湊巧，甚至會適得其反。

過分高舉愛心形象，未必是一件好事，或會強化狹義的社工角色。畢竟，社工的工作不只在個案層面上關懷弱勢人士，也致力推動組織、團體以至社會制度的變革。刻意標榜社工慈惠的功能，也淡化了社工其他的重要職能。除了高舉利他精神外，我們也十分重視公義、平等和人權等；這些重要的專業核心價值，不能簡單地以「愛心」去概括。

觀念解說

社工除了照顧弱勢社群之外，還有很多其他重要的職能和核心價值，例如公義、平等和人權。

023

社工會下班

普羅大眾往往會對社會工作者的工作存在誤解，而其中之一是誤以為社工是可以隨傳隨到，並能廿四小時全年無休為服務使用者提供支援。雖然為數不少的社工因服務性質及需要而沒有固定的上班時間，但跟其他職業一樣，社工也有下班、休息的時間。儘管如此，有些服務使用者明知負責跟進他們的社工休假，也不罷休，要求與社工即時取得聯繫。

但另一邊廂，也有社工認為公私二分會令工作欠缺彈性，不符以人為本的精神。部份社工甚至會將私人電話號碼給予服務使用者，讓他們能在非辦公時間繼續聯繫。社工不時或需按實際需要，將下班時間推遲，或者臨時調動工作安排，以處理一些突發的事情（如家暴、自殺）。按工作需要調動工作時間大概是無可厚非的事，但這和沒有下班時間，是兩碼子的事。跟大家一樣，社工也需要私人喘息的空間，以及與家人、朋友相處的時間。長時間工作而沒有休息，會導致精神勞損。再者，有什麼緊急事情，非找到某一指定社工不可？如服務

使用者在負責社工下班後仍有需要求助，他亦可聯絡一些廿四小時的緊急熱線服務。

其實維持公私分明，才能保障服務使用者的利益。假如某社工和友人正在看午夜場，又或在聯誼期間喝過一點酒之際，忽然收到服務使用者來電，表示自己有輕生的念頭，試問這位社工能否在合適的精神狀態下為服務使用者提供支援？而且在深宵時分，社工也難尋來督導的指引和支援。面對着生死攸關的時刻，社工的回覆或對服務使用者的安危構成影響。責任如此重大，豈能輕率應對？

觀念解說

社工需要有充足的休息時間，才可確保社工在合適和健康的精神狀況下為服務使用者提供服務。

024

拒絕也有時

人們行善，可能是出於利他的動機，也可能有着與自我有關的原因。以利他為出發點的助人者，不求任何物質或心理上的回報，單純以他人的利益為考量。我們助人，有時其實不只是為了自身的益處，也許是為求自己心安理得，甚至是想得到他人讚賞。我們都渴求得到肯定，希望證明自己有用處。

不少社會工作者正正有「成為助人者」的心理需要。有「資深案主」看穿某些社工有這項弱點，便幾乎可操控這些社工了。當社工拒絕他們不合理的要求時，他們便語帶失落地說：「唉！我原以為社工會體恤我的苦況……」社工被擊中要害，也就立刻心軟起來，不敢拒絕。尤其當服務使用者出身草根，社工更無法接受自己背棄基層。如此，「服務使用者的要求是否合理」和「怎樣才對服務使用者有益處」等需要考慮的問題，便會被拋諸腦後。這類社工最關心的，倒是自己頭上是否繼續帶有助人者的光環，維持自我感覺良好。

學懂在適當時候拒絕服務使用者的要求，也是智慧。每項服務都有指定的服務範圍，或者有一定的限制和專業倫理要求，社工不可能有求必應。雖然社工不只是一份工作，但畢竟也是一份職業。每一位社工都有既定的下班時間，應該有自己的生活。如果對每位求助者都「拍心口」幫忙，而一旦拒絕服務使用者的要求便產生內疚感的話，對服務使用者也不一定有益處呢！

觀念解說

社工作為助人專業（Helping profession），很容易出現想要「成為助人者」的心理需要，從而依賴服務對象給予自己的滿足感，避免拒絕對方要求。

本部份重點

- 香港社工在六十年代末冒起，成為香港重要的專業之一。現時要成為社工，需要透過修讀相關課程，以符合註冊資格。

- 社工須同時具備扎實的社工價值觀、知識和技巧，通過累積相關實務經驗和進修後，日漸成為某服務領域的「專才社工」。

- 社工相信人的問題部份源於人與人之間的互動，因此社工可採取「多層面介入方法」，並按目標對象的規模分為宏觀、中觀和微觀的層面。

- 社會工作透過倡議工作以達至社會公義，也會考慮到服務使用者身處的當地文化和價值觀等而提供本色化的服務。

- 社工須細心界定誰是「案主」和「目標對象」，兼顧主觀理解和客觀理論，拿捏好專業界線。

- 目前香港不少社福機構是受資助的機構，具有清楚目標及明確使命至關重要。

- 社工自身就是助人的主要工具，個人質素乃會影響社工價值觀和介入方法，須不時進行反思。

- 社工同工緊記預留休息時間，並學會在適當時候拒絕服務使用者的要求，以提供具質素的服務。

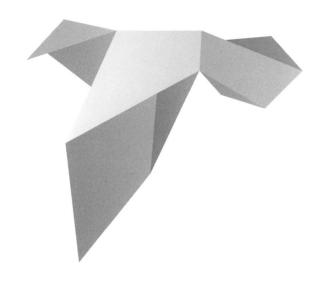

第二部份
社會工作的信念

接納每一位

傳統上，社工高舉「接納」這原則；但實踐接納，其實知易行難。對那些本性善良，稍一不慎才走上歪路的服務使用者，我們當然較容易諒解、接納。但有一些服務使用者長期作奸犯科，明知故犯；他們為求私利而不擇手段，面目可憎。也有一些服務使用者大逆不道，連父母的錢財也敢侵吞。面對罪惡，不是應當受責的嗎？既然這些服務使用者已經到了不可理喻的地步，何解還要去接納他們？

很多同學也不知道，社工專業的源起，深受西方基督教思想所影響。提倡「七大社工原則」的貝斯提克（Felix Biestek），正是一位神父。而「接納」這一原則，亦包含了不少宗教味道，且讓我說說。基督教相信人皆有價值，而這種價值是與生俱來的，與我們的行為表現無關。若果要計較我們的表現，從完美的標準看，人人皆乏善可陳。試問誰人無過呢？我們既非聖人，又豈可五十步笑一百步？社工專業秉承這種信仰精神，提倡要接納不同的服務使用者。現今的社工不論有

沒有宗教信仰，亦應該相信，每一位服務使用者都擁有其作為人的尊嚴和價值。

讀者不要誤會，我們不是主張縱容惡行，社工要接納的是服務使用者本身，而不是其行為。我們絕對可以不同意服務使用者的某些行徑，有些時候，我們甚至有責任勸阻制止。只是我們要提醒自己，無論如何，服務使用者仍然是有價值的人。不管服務使用者行事為人有多壞，他們的情況，仍值得我們去關切。他們的內心故事，仍值得我們全心傾聽。

觀念解說

接納（Acceptance）是社會工作中基本的價值觀，意思可以包括社工不應因為服務使用者的年齡、性別、宗教及政治傾向等，而產生歧視或者拒絕提供服務。

熱情與投入

隨科技發展，許多銀行櫃位服務員，已被自動櫃員機所取代。那些櫃員機雖不懂展現笑容，但基本上也算稱職。據說，醫生的部份職能，亦有可能在將來被電腦取代。那麼社工的工作，又會否被取代呢？我頗有信心，只要社工的專業性質不變，將不可能被科技所代替。因為人非草木，人的心靈需要被理解，而這種理解不光是頭腦上的認知，也包括身同感受。再高超的科技，也無法擔當這些重責呢。

社工在助人過程中，情感的投入必不可少。這原則也被稱為「適度的情緒投入」。要知道，社工不止為服務使用者提供實際的援助（Practical support），也提供情緒上的支援（Emotional support）。即使服務使用者的需要集中在具體問題上，社工也不可當例行公事，按單「執藥」。不論社工是為服務使用者申請援助、安排分戶，抑或轉介服務，社工在過程中也要設身處地，體察服務使用者的情況。遺憾的是，有社工失去了投入感。他們說的話，句句也無不妥，只是服務使用者無法感受到他們的陪伴。

對社工而言，情緒投入雖然是必須，但卻要適度。過分抽離，是冷漠；而過分投入的話，則影響社工本身的精神健康及家庭生活。不但如此，當社工的思路被情緒籠罩，也對服務使用者不利。當發覺自己的情緒每每被個案的情節所牽動，也就要調節自己的投入程度，並向督導求助。正所謂「旁觀者清，當局者迷」。但如果社工也成為「當局者」，也就失去原先作為「旁觀者」的優勢了。

觀念解説

適度的情緒投入（Controlled emotional involvement）能讓社工更設身處地了解服務使用者的情況，但不宜過度抽離或投入。

027

情感的表達

他人的觀點你大可不同意，但情緒感受卻無分對或錯。容我再次強
調，理解服務使用者的感受，是社工重要的責任。有不少服務使用
者落在情緒低谷，又或出現所謂的行為問題，主因都是他們的情緒
無處可抒，或未被理解。但藏起的情緒不會因此消失。朱自清在《背
影》中，準確地道出一個重要道理：「情鬱於中，自然要發之於外。」

「有目的的情感表達」這一原則，強調服務使用者有表達情緒的需
要。但在講求效率的當代社會，我們不想浪費一分一秒，做沒有效益
的事。或是我們過於急進，想單刀直入解決服務使用者面對的問題，
沒有預留空間讓服務使用者抒發感受。當「交數」的要求迫在眉睫之
際，我們更加務實，連自己的情緒也沒有閒情處理，更無暇把服務使
用者的個人感受當成一回事。在無意之間，服務使用者和社工都被
「物化」。雙方缺乏了人與人真摯的情感交流。服務使用者接受這樣的

服務，或會慨嘆：「唉，社工根本不明白我！」

要是重視服務使用者的情緒，就應該在整個介入過程中，留意服務使用者的情緒狀況。須知道，服務使用者往往壓抑着一些負面情緒，壓得甚至連自己都未必了解。因此，服務使用者口中提及的，或許只屬表層問題。為了幫助服務使用者認識自己深層的情感需要，社工就要營造安全和舒適的環境，配以適度的引導和鼓勵，幫助服務使用者把情感漸漸流露出來。

觀念解說

有目的的情感表達（Purposeful expression of feelings）提出社工清楚知道服務使用者有自由表達個人感受的需要，而當中社工若發現該感受有助服務使用者改變，應加以鼓勵；相反若情緒表達無助服務使用者，社工可加以控制。

028

保密贏信任

別信什麼「有圖有真相」。人總是習慣修飾自己，張貼到社交媒體上的照片和說話，都經過篩選，想想有什麼人看，看了有什麼反應。張貼的內容不一定是假，卻不是事實的全部。要想服務使用者跟社工心口如一說實話，也殊不容易。正所謂「逢人只說三分話，未可全拋一片心」，這種防禦似有所需。但若果服務使用者向社工求助時，仍戴着面具，那就大大阻礙社工向他們提供協助。

保密原則雖是老生常談，卻不能輕視。往往在保密之下，服務使用者才安心說話。早陣子，有輔導專線的社工意外遺失存有學生資料的儲存裝置，雖然有關機構事發後向公眾致歉，但事件難免令服務使用者對社工失去信任。也曾有中學生投訴，指向社工所披露的內容，竟都被老師知道。沒有人希望自己打開心窗所說的話淪為他人茶餘飯後的話題，在社交媒體上被議論和指指點點。需要尋求社工協助的服務使用者，往往都有鮮為人知的秘密。我們需要嚴格遵守保密程序，謹慎

處理服務使用者的個人資料，並且讓服務使用者知悉有關安排。

當然，社工也不能一成不變遵守這條原則。假如確認服務使用者有危害自己或他人安全的傾向，例如自殺等，在這種特殊情況下，社工便要通知其家人親屬或尋求其他專業人士的協助。因此，雖然社工有責任為服務使用者的談話內容保密，但也不宜為了博取他們信任，便輕率承諾在任何情況下都絕對不會將其資訊透露予其他人，否則便反而會危害服務使用者的利益。

觀念解說

保密（Confidentiality）原則強調服務使用者私隱得到保障。除涉及危害自己或他人安全等，社工應該要堅守保密原則。

案主的抉擇

社工學生不止可以從老師那處學習知識，也可以從案主身上得到寶貴的啟迪。因此，我幾乎每年都安排學生，到一個精神病復元人士自助組織拜訪。而每次交流時，我都刻意詢問復元者朋友：「你們對社工有什麼期望？」令我記憶深刻的，是曾有一位復元人士勞氣地抱怨：「請你們社工由神枱下來！不要自以為是，操控我，為我們決定一切。」

我們關心服務使用者的福祉，卻又懷疑服務使用者是否懂得作出精明選擇。我們想保護服務使用者，怕服務使用者行差踏錯，於是，我們便落力為服務使用者打點，希望一切盡善盡美。但或許，我們只是過於自信，以為自己在知識和經驗方面勝於服務使用者，甚至比服務使用者更認識他自己。我們幾乎取代了服務使用者的角色，為服務使用者作出大小安排。表面看來，事情或安排得比先前妥當，但細看之下，便會發現原來服務使用者卻只是被社工所擺布，個人意志受到束

縛。空懷着一腔熱誠，偏偏忘記了服務使用者才是一案之主。

為了保障年幼的服務使用者，社工擔任主導角色，當然可以理解。在某些非常情況下，為保護服務使用者的身心安全，高度介入或也有必要。但我們要確保服務使用者盡可能參與其自身的安排。而社工的責任是協助服務使用者做決定，而非取代他們。否則，違反「案主自決」的原則。受着不同的限制，上天給予服務使用者的能力也許已難有發揮，難道連犯錯的機會也該被我們剝奪嗎？

觀念解說

案主自決（Client's self-determination）原則是指案主有權利為自己的情況作出選擇。

人人皆不同

想到整個宇宙之廣闊、人類歷史之悠久，我們便會發現自己根本無足輕重。眼見自己的渺小，也就不禁謙卑下來。不過有件事可令我們感到自豪的，就是在浩瀚的宇宙裏，我們每個人都是獨一無二的；在歷世歷代之中，也找不到另一個自己。上帝所造的人並非倒模而成，面孔或有相似，但不會有百份百相同的兩個人。各人的個性和氣質，都不盡相同。你就是你。

現時的企業以大規模方式生產，重視標準化。從又一城麥當勞購買的漢堡包，跟太古城麥當勞所購買的漢堡包幾乎是一模一樣的。我們的社會服務也似乎有此趨勢。「依從服務使用者而起步」（Start where the client is）的道理被遺忘，服務使用者所獲得的服務變得很相近。當服務有相當規模，運作更如流水式一般，新來的服務使用者也不過被視為另一服務使用者而已。社工把服務使用者分門別類，簡單地把

服務使用者歸類成「病人家屬」、「新來港人士」等等。

「個別化」的原則，就是要強調每位服務使用者的背景、性格、能力、興趣等都不盡相同。社工在介入時，應細心了解每一位服務使用者的獨特之處，迎合不同服務使用者的需要，以提供協助。服務使用者也渴求存在感，想被認識、被了解。不少服務使用者自我形象低落，以為自己的事情不值一提。而細心的社工，應該會嘗試了解、欣賞服務使用者獨特的個性。我就是我。

觀念解說

個別化（Individualization）是指每個人都是獨一無二的，社工應按着服務使用者的個人需要去選擇適合他 / 她的介入手法，陪同服務使用者做最好的適應。

向自己負責

每一個社會，都有一套不明文的價值標準，用作衡量什麼人是成功、什麼人是失敗，以及什麼是高尚品德、什麼是道德敗壞。你我生活在社會之中，自自然然也受到這套價值觀薰陶。社工在接觸服務使用者時，亦可能不自覺地採用了社會大眾的尺，去量度服務使用者的表現。有些社工甚至按捺不住，要對服務使用者指手劃腳，訓辭說教。究竟社工是「助人」專業，還是「評人」專業？

「非判斷化的態度」這一原則，正是要提醒社工在介入時，要放下平常社會標準，不受世俗成見之圍認識服務使用者。我們必須弄清楚，社工的主要職責並非要查明問題的責任誰屬，也不是要為服務使用者的行為作出評價。服務使用者求助之前，很可能已受盡身邊不同人士的指責和譏諷，社工再在他們身上貼上負面標籤，也無補於事。更糟糕的是，如果社工着眼於服務使用者的負面標籤，就容易先入為主，以人廢言。社工的天職，是要和服務使用者同行，即使服務使用者有不合乎常規的行為，社工也當嘗試理解服務使用者行為意思和因由，而非妄加批評。

有同學誤解了這一原則，以為社工不可以作出判斷（Making judgement），甚至不可在服務使用者面前透露己見。但是，在介入過程中，不作判斷幾乎是不可能的。而社工作為獨立個體，當然也有自己的想法。「非判斷化的態度」的真正意思，是提醒社工別把自己的想法或社會的常規，強加在服務使用者身上。當除去社會的枷鎖，服務使用者不用再迎合誰，才可活出真正的自我。

觀念解說

作為一位非判斷化（Non-judgemental）的助人者，社工在介入過程中應避免批評服務使用者的想法和行為，並盡能力理解對方思想。

樹木與森林

「個別化」這個原則廣為社工朋友認識，而有另一個原則看似跟這打對台，稱為「去個別化」。「去個別化」的意思，並非無視服務使用者的個人特質和意願；這個概念的精要，在於把服務使用者的情況，放在更廣闊的脈絡上去理解。他們所面對的困難，與身處的環境密不可分。若單純聚焦於個人，可能只看見樹木，不看見森林，甚至容易錯怪受害者（Blame the victim）。

近年，乳齒未掉的孩童也被診斷患上精神病。才五歲的敏敏，過得很不快樂。她不時冒冷汗，心跳加速，因為出現胃痛和肚痛等問題，父母帶她到醫院求醫。醫生指她患上的是「開學焦慮症」。原來功課壓力太大，令敏敏晚間難以入睡。即使睡着了，夢見的也是尖酸刻薄的老師，責備她的功課不整潔。睡醒後，敏敏抹去臉頰上的淚水，繼續追趕各樣課程。同樣是五歲的強仔，則被診斷患有「抑鬱症」。強仔舉家搬遷到名校區，父母和他一同接受「地獄式」面試訓練，參加多場小一入學試，然而強仔自覺表現未如理想。見父母神色不妙，自己也就內疚起來。除了情緒低落，他甚至有輕生的念頭。

為什麼幼稚園高班的孩子，竟會噩夢連場？若單單看個別個案，我們容易着眼於矯正孩子的「病態」問題。但當宏觀地看，就會知道精神健康問題年輕化跟社會在孩童教育上揠苗助長的文化有關。有一個幼兒面試班的宣傳廣告，以恐嚇口吻告訴孩子：「你不愛競爭？但競爭會找上你！」如此叫人心寒的廣告口號，也有助我們了解，為什麼年幼的孩童會出現焦慮、抑鬱等精神健康問題。天真可愛的孩子真的病了嗎？通過「去個別化」，讓我們明白真正病入膏肓的，恐怕是愈趨畸形的成人世界。

觀念解説

去個別化（De-individualization）的意思，是把服務使用者個別的情況，放在更廣闊的社會脈絡上理解。

平等與公平

以往大學迎新營有一項模擬社會體驗活動（俗稱 Soci game），透過角色扮演，參加者進行不同的模擬活動，包括進修、應徵不同的職位等。參加者進場前已被貼上不同顏色的貼紙，代表着他們屬於不同的社會階層。「上等人」可以在遊戲中途插隊，獲工作人員偏袒，而「基層」則要做牛做馬，並受欺凌。此類活動別富意義，過程中大家可以看清楚「人生勝利組」如何在當中坐享其成，而「基層」同學則能體會到什麼是「輸在起跑線」。

我們相信人人生而平等，不應該受到任何歧視，此乃文明社會的基石，也是社會工作的核心信念。平等是指以一視同仁的方式，對待不同背景的人。不管年齡、性別、種族和身體狀況，都享有同等的待遇。社會工作者也依從此原則，致力維護弱勢群體應有的權益。除了平等原則之外，公平原則也不容忽視。公平原則是指按每個人不同的情況，分配合適的資源。譬如說，即使大專課程設立相同的入學條

件，但由於多元族裔學生欠缺中文語境，往往未能在中學文憑試中文科取得好成績，客觀效果也是將他們排斥於大專之外。若社會沒有為他們提供合適的支援，便有違公平了。

又例如，現在流行的網上學習對基層學生不利，出現「數碼鴻溝」。許多基層家庭沒能力添置合適的電腦裝置及穩定的網絡，父母也未必掌握相關的資訊科技知識去教導子女。上課時一旦斷線，全家人也不懂應對。因此，雖然老師「平等」地向所有同學提供網上授課，但來自基層家庭的兒童卻可能失去「公平」的學習機會。

觀念解説

與平等（Equality）分配的原則相異，公平（Equity）原則着重按不同情況分配合適的資源，以最大化滿足社會需求。

034

月可印萬川

貝斯提克（Felix Biestek）曾對於社會個案工作的專業關係（The Casework Relationship），提出了七項基本實踐原則，成為現在不少社工學生必讀的社工入門知識。那七項原則包括：個別化、有目標地表達情感、節制的情感投入、接納、非判斷化的態度、服務使用者自決和保密。這些原則本是針對個案工作而提出的，但後來也推廣至其他工作層面。

社工七大原則看來是教條式的規訓，而且其中的思想也不太容易消化。一年級的社工同學如此評價：「這些原則很理想，卻似乎難以應用於不同的現實情況。」於我看，這七大原則（和其他重要的社工原則）當然不能「照辦煮碗」套用到所有情況中。原理就像孝道一樣：孝順是傳統美德，但實踐孝順，沒有公式；大家向父母表達愛的方式，各有不同。但我們很少會說，要將孝順這個原則應用在自己家庭之中。一個孩子在推崇孝道的氛圍中長大，便會耳濡目染，學懂飲水思源。而實踐孝順，不可抽離具體處境，凡事順從而不問理由。盲

目滿足父母的意願而委屈自己，便是愚孝。

同理，要實踐社工原則，我們不能抽離情境脈絡。就以服務使用者自決為例，難道我們也要讓年幼的服務使用者自己凡事作主？有些時候，我們甚至會發現社工原則會和其他價值有所衝突。然而，一個原則在不同情況下的實踐方法可謂千變萬化，就如萬川中也可有月亮的倒影。我們需要深入了解這些社工原則，配以細心的評估，才能在個別具體的情況中將其靈活地實踐出來。

觀念解説

社工原則乃社工行為的基礎，有助社工作出合乎倫理之實務抉擇。

035

合適的手段

若果孩子不慎拿起家中的利器，成年人該怎麼辦？孩子不懂事，你若勉強從他手上取回他握緊的「新玩具」，可能會弄傷孩子或你自己。最好的方法，是找來另一新奇事物，放在他面前。當孩子有了新目標，自然會把原先的利器放掉。許多家長明白，為達成保護孩子的目標，也要用上合適的手段。

推動社會進步的朋友，當然也講策略，不可衝動行事。有朋友說，年輕人以單純的動機，高舉理想而不去計算，正正是社會進步的力量。這個說法甚有道理，只是我想分清楚：當一個人為了追求崇高的理想，而不去計算個人得失，確是令人敬佩；之不過，為把抑壓的情緒發洩出來而胡亂抗爭，只是感情用事。有建設的社會行動，是建基於愛，而不是恨。而若果有人行事前，沒有細心衡量自己舉動對大局的利弊，更是不負責任！

成人身份證並不是已成年的標記。小朋友可喊出自己想要得到什麼，但成年人則要知道自己該做些什麼。無奈，社會上的意見趨向兩極

化、簡單化。在熱血沸騰之氣氛下，激昂口號才有市場。對客觀形勢的理性分析，卻顯得有點抽離，甚或令人生厭，被取笑為「和理非非」。即使當時人也具善良的動機，希望探討出最有效的手段以達成目標，也隨時被歸邊。

觀念解說

兩極化（Polarization）是指社會上群眾基於相同或類似事件提出相反意見，若然不能妥善解決，容易出現分化現象。

另類的霸權

小朋友喜歡黑白思考，例如認定社工有愛心，為商者則必奸。成年人則應該明白，社工中也有不少壞份子，而良心商家也大有人在。再進一步說，每個人也有好和壞的一面；沒有完全的好、絕對的壞。近年香港出現仇商情緒是可以理解。但爭取公義社會的同時，不用一竹篙打一船人，將凡賺錢的商人就簡單地標籤為「霸權」。

現在的社會欠缺理性的討論空間，新一代有什麼不滿，就投訴。他們立刻以苦主身份，向「敵方」大扣帽子。大家根本沒有耐性，去了解事情的來龍去脈，更不願聆聽對方的解釋。他們總相信，解釋不過是掩飾。與其冷靜討論，倒不如群起攻之。他們以為只要人多勢眾，上帝和真理就必然站在他們的一方。要透過拉攏傳媒、議員，來增強自己的力量，再以包圍、絕食等手段，來迫令當權者就範。在他們眼中，自己是為堅持真理而不屈不撓。但如果，彼此不再相信法律和理性，未審先判，只要「靠惡」即可，這難道不也是「霸權」？

我明白，用輿論壓力向對方施壓，或以死纏爛打的方式作出威脅，往往是小市民迫不得已之選擇。即使爭取未能成功，也大可把心中忿怒宣洩出來。但親愛的朋友，在爭取權益的過程中，文明是我們必須的堅持。我們怎可只空喊想得到什麼，而不從對方的角度考慮？怎可不容異見，甚至對持異見者圍攻辱罵？即使野蠻是迫出來的，我也無法苟同。或者，對小朋友，我不應苛求。但是，一些受過社工訓練的朋友，他們彷彿完全不懂同理心為何物。我看到這些朋友只懂從單一角度思考、活在自己的世界，不能不感到惋惜。

觀念解說

霸權（Hegemony）指利用文化和社會關係等去強加或者維持實力。值得留意的是，社工需要保持批判性思考，考慮雙方觀點，避免過度關注其中一方，出現不平等現象。

負責任公民

新一代和老一輩不同,不再以「升斗市民」自居,一改以往敢怒不敢言的氣候。我樂見進步的力量,因為成年人應當多聆聽年輕一輩的意見。但請年輕人不要忘記,要成為負責任的公民。當我們急於控訴的時候,或容易走到另一極端,不懂得心平氣和地與他人尋找出路。

在面對權威的時候,某類年輕人似帶有「膽怯 / 反抗的心理」。他們有自卑傾向,不相信可以和老師、上司或政府官員對等地交流。有時顯得沉默甚至恭敬,沒有把心中不服坦誠道出,卻在背後批評;共同商議的決定,他們沒有服從。他們以「弱者」身份自居,故從他們的角度來看,根本不用跟「霸權」合作。這類朋友不相信制度,一刀切的視所有制度為「不義」,上綱上線。而當一群「苦主」連群結隊,壯了膽,就起來反抗!彷彿一切理直氣壯,造反有理。活在不完美的社會之中,你我也有責任去改變。當眼見不義橫行,我們亦應該義無反顧地反抗。但抗爭只是改變社會的一種方法而已,而且抗爭需具備理

據。上一代怕事，新一代也不用矯枉
過正。

在社工學生當中，也有不少對社會現
況非常不滿，甚至憤懑。除了和當權
者對着幹之外，商議、談判、游說、
社區教育、媒體倡議等也可以是改變
社會的手段。而改變也該是一個互動
過程，彼此尋求共識。畢竟，我們不
可自信地假定上帝和真理都站在我們
的一方。社會也不會一夜之間改變。
社工介入行動要有周詳計劃、有部
署，絕不可心口貼上勇字，便魯莽
行事。

觀念解説

抗爭（Confrontation）指對某
些行為、言語或措施等提出
強烈反對，社工在過程中可
以協助大眾去釐清抗爭的目
的和程序，令整個行動朝着
正確的方向前進。

內心的恐懼

即使是年資較深的社工，內心仍可能不時出現一些恐懼，質疑自己是否稱職、是否能幫助服務使用者。這些恐懼乃正常不過，畢竟社工面對的是服務使用者有血有肉的生命，所肩負的責任一點也不輕。然而，與其強裝淡定，嘗試掩蓋這些恐懼，不如誠實面對它。

服務使用者之所以來求助，是因為自己遭遇的問題，有時他們甚至會把希望都寄託到社工身上。社工以助人者自居，卻不一定能想出解決辦法來。撫心自問，社工真的是解難能手嗎？我們自己的問題也多的是。而服務使用者遭逢的困難，範疇頗為廣泛，但社工的人生經歷也有限，不可能一一掌握各種各類的問題。接納自己的限制，是化解恐懼的第一步。助人的確是社工的天職，但別自視過高，以為憑一己之力，就能化解各樣奇難雜症。許多時候，社工的角色在於協助服務使用者發掘他們自身的能力，或者幫助他們找出可利用的四周資源。也

有一些時候，社工也無能為力，可做的就只有陪伴服務使用者捱過難關。

我們還必須知道，儘管我們滿腔熱誠，但服務使用者的情況不會就此改善，問題會反反覆覆出現，甚至可能變得更嚴重。從事戒毒工作的社工便很理解，不時會有服務使用者復吸，而一些成功個案，也是在波折中成長。若社工天真地等待戲劇性的改變，更幾乎注定會失望。我們當然關心服務成果，但不應以此來肯定自己的價值，要明白「成功不必在我」的道理。

觀念解說

社工不能高估自己的能力。即使努力付出，個別服務使用者抑或整個社會，也不一定按我們的期許而變化。

可改變未來

充權這個概念時不時掛在社工同學的嘴邊，但有一個常見的誤解，以為充權是社工將權力賦予服務使用者。作為社工，怎可能為服務使用者充權？如果無權無勢的服務使用者，要靠社工給予權力，這個過程強化「助人專業」與「求助者」之間的不對等關係，反而為服務使用者帶來去權的經驗。

充權之所以重要，是因為很多人都有一種無力感。而社工服務的對象，往往是社會上的弱勢社群，面對生活上的挑戰和困難，以及來自社會的壓迫。當發覺到許多事情也無法掌控，便容易充斥着一股強烈的無力感。人也會變得消極，甚至坐以待斃。因此，提升服務使用者自我效能感的重要，自不待言。而在推動充權的過程中，社工擔當的角色並非專家，而是促進者。透過傳授知識和技巧，結連合用的資源，社工可以促進服務使用者有更大的信心和能力，為改變自己的生活而作出行動。這些行動，可以包括就社區服務中心的運作提出意見，以至參與推動公共事務的變革，令社會的權力架構變得更加合理。

充權概念有一大前提，乃相信改變的可能。然而，眼見昏亂的時局，以及肆虐全球的災害，令包括社工在內的大眾陷入茫然的惆悵，力不從心。在漆黑之中，豈容易維持「自信可改變未來」？或許，除了促進服務使用者獲取所應得的權力，社工們自身也要互相砥礪，使得作為社工的我們有一點信心，能繼續在夾縫中做應該做的事。共勉。

觀念解說

充權（Empowerment）是指社工透過發掘服務使用者的自身優勢，並利用其以及不同渠道的資源，增加服務使用者的權力和職能，令服務使用者擁有公平的權力和資源分布，同時亦希望挑戰社會對弱勢社群的固有偏見，從而營造關懷、平等的社會關係。

本部份重點

- 社工原則有助社工在實務中作出專業判斷，包括接納、適度的情緒投入、有目的的情感表達、保密、案主自決、個別化、非判斷化、去個別化、平等與公平。

- 社工宜保持批判性思考，考慮雙方觀點，以免社會出現不平等現象。

- 社工要明白改變社會有不同的方法；改變是一個互動的過程，讓彼此尋求共識，行動要有周詳的部署，衡量自己舉動對大局的利弊。

- 社工要對自己的能力、服務使用者或社會的變化有適度的期望管理，不宜高估。

- 社工須相信改變的可能，推動充權有助提升服務使用者的自我效能感。

第三部份
社工介入方法

評估要留神

資源有限，社工必須準確地為服務使用者的需要作出評估，將資源投放在合適的位置上；亦需判斷工作的先後緩急次序，避免忽略需要急切關注的事宜，錯過最佳介入時機；不要把不是問題的情況錯誤判斷成「問題」，一方面避免徒勞無功，另一方面更避免造成標籤，構成傷害。

經過初步了解後，社工一般也能掌握服務使用者兩項需求：服務使用者自己察覺、感受到的需要，可稱為「感覺需求」；如果他們把這個需要説出來，就成了「表達需求」。然而，如服務使用者身心出現一些情況（如患上認知障礙），當事人未必能察覺到自己有求助的需要；亦有一些服務使用者雖然面臨危機或困難（如遇上家暴），但亦可能會因着種種因素不願意向他人披露情況。因此，社工不應完全依賴服務使用者的説法，或只從他們的感受出發，還須考慮規範需求。規範需求是由專業人士按社會慣例、共識所界定的，或可填補「感覺需求」和「表達需求」的不足。然而，社會規範不一定是全對的——沉

溺上網是一個「問題」嗎？如黃昌榮
教授所言：「是沉溺，還是沉醉，總
離不開社會規範、社會身分和權力關
係等因素。」

除了提供猶如亡羊補牢的補救服務，
社工亦應評估社區的發展趨勢，提供
預防性和發展性的服務。預防性的工
作，旨在防患於未然，即是包括辨識
高危群組，作出預先介入及進行公眾
教育，以避免嚴重問題發生，造成悲
劇；至於發展性的服務，則着重發掘
個人、團體以至社區的潛能，並讓他
們加以發揮，茁壯成長。

觀念解說

社會資源有限，社工為服務
使用者進行需要評估可令社
會資源更有效地分布；評估
過程中會考慮到規範需求
（Normative needs）、服務使用
者的感受需求（Felt needs）和
表達需求（Expressed needs）。

041

見賢而思齊

小組的組成（Group composition）其實頗有一番講究。有同學以為在招募組員時，必須尋找一些年紀及背景相近的組員。這個均一（Homogeneity）的招募原則，不但符合人類物以類聚的天性，對小組運作也有不少好處。當組員有共同特質、教育程度接近，彼此有共同話題，傾談起來也分外親切。組員之間合得來，小組活動往往可以暢順地進行。

但是，我卻提醒同學，不要太懼怕組員間的分歧。現在社交網站之出現，把理念、政見相投的人連結起來，一同討論時事。久而久之，令人陷於狹窄的世界而不自知，以為自己的「世界」，也就代表整個世界。當走進真實的世界時，才驚覺到其他截然不同的世界觀。同理，小組是社會的縮影，應要避免過於單一、狹窄。以差異（Heterogeneity）原則招募各路英雄，集思廣益，才能令小組擦出火花。當然，工作員不單單要在均一和差異之間取得平衡，更要考慮個別小組的目標和性質。

我曾經負責帶領一個求職小組，參加的對象為一群受抑鬱問題困擾的待業人士。「抑鬱」和「失業」可算得上是自殺的高危因素，我斷不可貿貿然把他們安排在一起。我知道，我一個人喊叫什麼「積極做人」、「美好人生」，都只是沒有說服力的獨腳戲。因此，我在小組的組成上花了心思，刻意吸納一、兩位已獲半職工作的復元人士一起參與小組。同是復元人士，態度積極向上。有他們坐在其中，為小組注入正面元素，令其他仍待業的組員不敢輕言放棄。

觀念解說

小組的活動就像一個社會的縮影（Reflection of society），通過人與人之間的互動而存在持續的發展。

042

組員的參與

不是一班人圍在一起，就算得上小組。小組講求組員的參與、互動和交流。一些社工實習學生，急着把預備好的內容傳授給組員，反而讓組員沒有深入認真的交流，令小組變成一個圍圈而坐的小型講座。他們偶爾也嘗試邀請組員發言，但見組員回應並不踴躍，於是便繼續口若懸河，維持單向溝通。那麼，如何可以鼓勵組員投入參與呢？

工作員可以透過活動設計，製造機會讓組員分享想法。我在課堂中，跟同學做了一個小小的示範。為了讓同學分享童年往事，我預先請大家把童年照片帶回來。一開始，我邀請大家手拿自己的照片，讓同學逐一簡短說說照片的由來。原來簡單的一張照片，就能讓同學輕易開口分享，讓氣氛熟絡起來。起初分享的內容多半圍繞照片的拍攝地點和年份，但過程中，慢慢自然勾起他們不少童年的回憶，也能在與組員交流時，刺激同學思考。當聽到和自己相近的往事，不止引起共鳴，也令組員急不及待要加入分享。

不要看輕那幅童年照。假如我直接問他們童年是怎麼樣，恐怕也只換來幾句簡單的回答，更無助組員之間的交流。人本來是喜歡分享的，但要霎時間跟他人暢談自己的經歷，並不容易。尤其在小組初階段，組員存有戒心，不知道真心相對能否換來熱情的回應。所以我們要在活動設計上，花點心思讓組員能循序漸進地分享。只要建立起暢所欲言的氛圍，真摯的交流便水到渠成。

觀念解說

當成員的參與（Participation）足夠時，小組才能發揮其最大的作用，讓成員透過投入參與不同類型的小組活動，達到小組目標，促進個人發展。

043

擇偶的條件

課堂上和同學一起思考如何擇偶。同學先把他們心目中的擇偶條件，分別寫在不同的畫紙上。寫好之後，隨意把畫紙放在地上。我邀請他們一起商討，按重要程度把各項條件排序。有同學提出「對方要專一」乃重要考慮，但也有同學對此有保留，認為「一日未結婚，仍可以有新選擇」。大家也為「雙方需擁有共同喜好」這一點，分成兩派。正方指出：「若喜好不同，則話不投機。」反方則反駁：「一對情侶最好各自有自己的生活圈子。」

彼此交換意見之後，分歧也略為收窄。即使想法不盡相同，組員間仍能互相尊重。餘下的爭議，他們自行以投票方式解決，最終順利完成了任務。憑這個簡單的體驗，同學明白到小組的功能，是要讓組員了解到不同的觀點。雖然愛情是切身事情，但平日較少機會認真探討各人的觀點。今次交流，不止可了解他人意見，也有助釐清及反思自己的看法。另一項小組的功能，是學習人際相處。我故意要求小組達成

共識，是為了製造一次小小的練習機會，讓同學嘗試求同存異，自行處理分歧。

有同學誤以為，小組工作員要緊緊控制每一環節，不容有失。但這次同學留意到，作為小組工作員的我，只設下基本的結構和秩序，而甚少干預小組的運作。我更沒有意圖要把什麼拍拖須知、愛情攻略傳授給組員。我自己既不是愛情專家，拍拖經驗也不多（一笑），憑什麼去指點他們呢？但我信任眾人的智慧，透過促進小組成員的討論，相互激盪，往往能啟發組員的思考，令大家有所領悟。

觀念解說

小組的目標往往不在於給組員灌輸某些知識、想法，反而是給組員一個平台，彼此交流心得，或從中作出自我反思。

044

留白的智慧

已故滕近輝牧師以普通話講道,所以對不太懂普通話的朋友而言,聽滕牧師講道會有點吃力。記得有一次參加他主講的講座,他鼓勵不懂普通話的參加者說:「如果你聽不懂普通話也不緊要,你也可猜想我的意思。」他笑言:「你猜想到的意思,可能比我原本的意思更有益處呢!」這當然是謙虛話,但又確有其道理。

我現在當老師,也體會到說者無心、聽者有意。間中有些同學,會前來感激我對他的提點或教導,令他恍然解悟某些人生道理。上天使用我說過的某些話,成為他人的祝福,是我的榮幸。我雖替同學欣喜,卻從不敢邀功。事實上,我並沒有處心積慮去啟發那些同學,也不曾刻意說些什麼道理。我不過隨興所至,分享自己的一些所思所想、所見所聞;令其茅塞得以頓開的,顯然不是我。作為社工,也不可能掌控服務使用者的生命。只要我們做好自己的本分,為他們提供成長的養分。配以他們其他的經歷,他們或會自我成長。

一些基督徒作家告訴我，寫作時不要把意思說得太盡。相反，文章要留有足夠的思想空間，讓不同的讀者能按自己的情況解讀。他們打趣說，留下空間於文章之中，上帝也就多了機會去使用你的文字去幫助他人。是啊，「畫公仔畫出腸」，索然無味。留白的空間，卻足以耐人尋思、反省。

觀念解說

留白是一種手法，不把自己的想法說得太盡，留下空間讓服務使用者自我思考。

045

同坐一條船

電影《親愛的》講述一個幾歲的孩子被拐,父母四出尋子卻音訊全無。母親魯曉娟傷心欲絕,需要接受心理輔導。可惜那治療師無法理解母親失去孩子的傷痛,只勸魯曉娟要回到現實。魯曉娟覺得治療師的意見不着邊際,反問治療師:「你有孩子嗎?」那治療師點點頭,魯曉娟再問他:「你丟過孩子嗎?」沒有丟過孩子的治療師,的確難明這些父母的愧疚和痛苦。

幸好,魯曉娟加入了由同路人所組成的「尋子會」。因為彼此有類近的經歷,成員可交流個人經驗及實用資訊,亦較容易在組織之中互相扶持。魯曉娟也是在「尋子會」之中,才可以把藏在內心的罪疚感釋放出來。除了一起合唱勵志歌曲外,每當有成員遇上挫折,其他成員便會喊出「鼓勵!鼓勵!」的口號,以作支持。我想,若果這句口號出自一般人的口,根本平平無奇,甚至令當事人反感。但在「尋子會」互助小組之中,大家同坐一條船,這些激勵的說話,卻成為彼此間莫大的安慰。

互助小組被廣泛應用在社會工作的不同範疇，如喪偶小組、各類的病人小組及失業人士小組等。小組成員或其家人多數都面對相似的困境，或因病患而帶來相近的困難。值得注意的是，這類小組由朋輩帶領（Peer-led）；在小組發展初期，社工或者需要擔當較積極的角色，聯繫不同成員，但小組上了軌道後，社工就當逐漸淡出。由於大家都是過來人，容易分享經驗及有關資訊，互相扶持。這類小組的功效往往比由社工帶領的小組效果更理想。

觀念解說

互助小組（Mutual-aid group）強調不需要過度依賴社工，而是透過過來人的經驗，讓一群面對相同問題或類似情況的人互相幫助，從而解決問題。

046

組員的眼淚

小組內，有歡笑，也會有眼淚。為了讓組員安心交流，小組宜在舒適並隔音良好的房間進行。帶領小組的社工也應該在每節小組開始前，在場地及物資上多下功夫，例如可事先預備咕呢、紙巾和熱茶等；這些微細的安排，有助營造輕鬆的小組氣氛，讓組員安心抒發情緒。

社工也要協助小組，在開始時訂立保密共識，並與組員一起建立互相尊重的小組規範。起初，組員或羞於表達自己脆弱的一面，但建立了互信後，就可以逐漸坦誠展現內心的真性情。人生不如意事十常八九。平日大家都習慣笑面迎人，但卸下面具，淚流滿面也再平常不過。一般而言，社工應給予組員表達自己及抒發情緒的空間。適當的情緒抒發，可以促進組員彼此了解，讓大家相處得更融洽。一些容易觸及組員內心情緒的話題，社工應該盡量安排小組循序漸進、由淺入深地分享。

聽到有組員流露內心的負面情感，社工便要以身作則，用心聆聽，並可透過語意簡述或情感反映，作簡單的回應。別擺出一副說教的

姿態，或試圖説大道理去打圓場。但假如分享內容牽涉太多私隱，社工或需要適當介入。而當大部份組員的情緒都有波動，便應先處理好大家的情緒，才繼續進行小組的活動。

觀念解説

小組氣氛（Group atmosphere）可拉近組員或組員與社工之間的距離，提升參與度，從而推動組員分享自己的經歷。

同舟可共濟

人類群居生活，沒有人能獨善其身。社區工作之重要目標，正是拉近人與人之間的關係，增強歸屬感，避免疏離。讓我先談談「地域社區」。顧名思義，「地域社區」是按照地域劃分的。早年的香港，「地域社區」發揮重要作用。那些年，不少香港人都居住在木屋區、臨屋區或一些舊式公共屋邨，當中不少是從內地來港的一代。有些曾因大火而痛失家園，幸好有新住處容身。他們本來互不相識，卻變成鄰里。大家生活貧窮，居住環境簡陋，但居民卻守望相助。沒有空調，夏天竟可夜不閉戶。若忘記帶鎖匙，到鄰舍家暫歇，也屬常事，人情味甚濃。

但隨着都市發展，城市交通已十分便利，我們的生活圈不止於住所的四周。有些朋友忙於工作和進修，晚晚披星戴月，將住所視如酒店，連家人都未必見得上面，更何況鄰居？加上互聯網發達，令人與人的交往，更不受地域限制。我們比以往富有，開始注重時刻保障自己，

講求私人空間。大家重視私隱，人與人之間變得疏離，家門常關。你向鄰居打招呼，也不知對方會不會理睬，結果，也懶得結識左鄰右里。那些年的鄰里關係，或者只能回味。

然而，只有社區的成員同舟共濟，才可以突破困難，改善彼此生活。而社區工作除了促進社區成員之間的關係外，亦重視社區和整個社會的關係。因此當大家所面對的困難和整體社會制度或結構有關時，就更應當團結起來，共同爭取合理、公平的社會。

觀念解說

地域社區（Geographical community）是以地域來劃分，社區內的居民能夠享用共同的服務設施，互動的對象通常是居住附近的人。

曙光足球隊

「功能社區」以共同成員的背景、特徵等劃分;成員間通常遭遇相同問題。就好像露宿者群體,也可以視為一個「社區」。一般而言,無家的露宿者常被社會遺忘,而他們本身亦往往與人關係疏遠,生活也欠缺方向等。除了傳統的慈惠工作外,我們可怎樣回應露宿者群體的需要?有社福組織極具創意,為露宿者組織了一支足球隊,並安排他們出國參加「無家者世界盃」。

本來看似天方夜譚的一回事,在努力下竟最終成事!負責「無家者世界盃」足球計劃的社工朋友,透過定期探訪,從而與露宿朋友建立友好的信任關係,了解他們的需要。而這個計劃的焦點,不是落在露宿者的缺乏上;工作員反而集中精力,發掘「社區」內已存在的資源。在社工接觸他們的過程中,發覺不少露宿者頗為年輕,亦喜愛踢足球。其中更有一位露宿者原來是前甲組足球員呢!與其強調露宿者的各樣問題,倒不如好好培養和發揮他們的潛能。組隊參加「無家者世界盃」這念頭,就在這背景下誕生。

組隊參賽，只是任務目標而已，過程目標反而更加重要。足球計劃令露宿者這個「功能社區」的成員在身體、心理、社交三個層面都有改善。最基本在改善身體狀況方面，參與足球運動有助減肥，人也變得精神奕奕。他們有機會代表香港參加國際比賽，更是難忘經驗。而足球運動講求團體合作，也正好拉近成員間的距離。成員各有獨特個性，本來很難和他人相處，但因着有了共同目標，加上工作員從中協調，令他們能夠走在一起。以往不少社區人士都排斥露宿者，但足球計劃卻一改其他社區人士對露宿人士的觀感。

觀念解說

功能社區（Functional community）是指有着相同生活方式、信念或者背景的群體。

生活的意義

忙於工作的朋友，或希望每天早上不用再被鬧鐘喚醒，最好能自然醒來，享受優哉游哉的早上。但我們不用羨慕這種生活，三兩天的百無聊賴，或許已相當足夠。再長一點，恐怕是一種折磨。一些服務使用者正正因為無所事事，生活缺乏方向，覺得自己在虛度光陰，自信心因而受到打擊。這個情況下，社工可考慮透過與服務使用者訂立活動時間表（Activity schedule），幫助服務使用者預先安排每天的活動內容，重拾目標。

要知道，良好作息對身心健康很重要。若睡得太多，令思考緩慢，甚至會導致頭痛。訂立活動時間表的好處，就是使服務使用者知道自己白天有事要幹。如此，服務使用者在早上便會更有動力起床。機械裝置久久不用，便會生銹，人若長期呆坐家中游手好閒，也容易露出頹相。社工可按服務使用者的志趣和情況，建議服務使用者為自己安排一些有益身心的節目。適量的運動、社交聯誼或進修學習等都可以考

慮。當然，不要把時間表弄得密密麻麻，要提醒服務使用者量力而為，計劃要實際可行。

許多正在情緒低谷的服務使用者，常會感到力不從心，沒有把握能執行自己訂下的計劃。社工便要透過定時的鼓勵和實際的支援，協助服務使用者循序漸進，達成目標。服務使用者一開始可能會覺得力有未逮，但當看見自己能夠切實按照已訂立的活動時間表而行，自主感也就會提升。若能持續，原先長時間留在家的服務使用者，更可望能投入生活，尋回生活的意義。

觀念解說

若然服務使用者擁有足夠的自主感（Autonomy），他們能夠自主地去掌握以及決定自己的行為，便能增加他們的自我滿足感（Self-satisfaction），有動力去接受新挑戰，有助心理健康。

上班要快樂

我曾經從事職業康復服務，專門協助受精神問題困擾的朋友進入職場。有一次，我因工作緣故，與本港某大連鎖集團的人事部負責人交談。我沒有放過這次機會，向她查問該集團有沒有合適復元人士的空缺。她面有難色，然後吐了一句：「我們提供的工作崗位，其實並不適合人做的！」嘩，難得的坦白，承認許多工作的職責根本是「非人」的。

對大部份成年人而言，工作佔了生活非常重要的一環。而香港有「全球最過度勞累城市」之稱，平均每週工時長達 52 小時。可以說，如果工作不快樂，人生大抵也不容易快樂。社工一直以來致力改善人的福祉，那麼工作場所也應該是一個重要的介入領域。有社福機構便提供「僱員支援計劃」，為企業員工提供情緒和心理的支援。即使員工受個人或家庭等原故而有困擾，「僱員支援計劃」的社工也可提供協助，而且談話內容保密。對企業而言，這類支援服務是有益的，因

為一般主管對下屬的情緒問題無從入手，但透過專業的協助，就能改善員工身心狀況。

「僱員支援計劃」是非政府津助項目，但由於員工身心健康得到改善，有助提升生產力，不少企業也願意付費。但也由於計劃由企業付費，企業和社福機構或多或少會形成僱傭關係。因此，在這些支援計劃下的社工，很少視企業為需要被改變的對象。「僱員支援計劃」對企業員工是有益的，但要改變某些企業的結構性問題，以及非人化管理作風，似乎要另覓方法。

觀念解說

僱員支援計劃（Employee assistance programme）旨在為僱員提供一站式的服務，包括諮詢熱線、個人輔導、小組活動等，解決員工在不同層面所出現的問題，促進身心靈健康。

身教與言教

言教容易，可預先準備、修飾整理。身教則是潛移默化，身旁的人可以在不知不覺間被感染。其身正，不令而行。但要做到身正，靠的是平日的修養。如果成年人未能以身作則，即使推行多項德育及公民教育計劃，都似是徒然。州官也放火了，只會叫更多百姓點燈呢。

多年前，我隨一群年輕人到曹公潭戶外康樂中心宿營。同在營地裏，也有一大群來自一所小學的學生。在早餐時間，各營友都到營地餐廳裏。一鍋又一鍋已經煮好的餐肉通粉，放在餐桌旁等待大家享用。有位老師站起來、拿着咪，一本正經地提醒同學，要好好享用食物，不可偏食。另一邊廂，有一位老師「背棄」檯上的餐肉通粉，手拿熱騰騰的公仔麵，從小賣部那處走回來。那是一個很有趣的場面。一位老師正在言教，另一位老師則即場示範反面的「身教」。

福祿貝爾（Friedrich Froebel）認為，教育別無他法，只有愛與身教（Education is nothing but a concern and role model）。這句金石良

言，當教師的不可不知。這也是對青年工作者和為人父母者的重要提醒。我信，最壞的孩子，也知道父母是否愛他。愛，必不可少。而身教，遠勝言教。其身不正，雖令不從。就如家長呼喝傭人，孩子會看在眼裏。若成年人未能以身作則，再怎樣教孩子要懂禮貌、尊重，也是多餘。

觀念解說

身教（Role modelling）對於人成長有着無可替代的作用，尤其是處於自我探索階段的青少年。從事青少年服務的社工，更需要留意自身的一舉一動，避免傳授錯誤的觀念。

052

為弱勢發聲

有一次和同學到某省市參觀一所兒童自閉症中心，接待我們的中心負責人透露中心的資源不足，工作亦未獲政府重視。有同學好奇地問：「那麼，怎樣才能得到政府的重視呢？」這位負責人苦笑了一下道：「大概要等到我們的領導，生下患有自閉症的孩子，政府才會正視這方面的需要啊。」這想法好像有點壞心腸。即使成真，官員大概比平民百姓有更多的資源，協助他們的自閉症子女。

但對社工來說，與其被動等待領導層有這樣的需要，倒不如積極投入倡議工作。不少弱勢群體的困難情況，不為社會大眾所了解。因此，社工的職責不僅在個人層面的介入工作，還肩負倡議的責任，使社會制度、權力和資源分配有所改變。優秀社工王惠芬，發現到不少多元族裔人士因膚色和種族而被主流社會排斥，於是積極投入倡議工作，推動《種族歧視條例》立法，以及為多元族裔爭取平等升學機會等。她在媒體說的一句話縈繞在我耳畔：「要讓看不見的被看見。」一針見血地說明社工的重要使命。

社工每天接觸不同的個案，站在服務的前線，應該相當了解服務使用者的需求。社工可以推動個案倡議（Case advocacy），為個別服務使用者爭取權益。另外也可以透過源頭倡議（Cause advocacy），推動適當的政策以及法律等層面的改善。當然不要忘記，社工也應該協助弱勢社群為自己發聲。

觀念解說

倡議（Advocacy）與一次性的抗議活動不同，除了喚起公眾了解情況的嚴重性，更重要的是行動結束後，反思有什麼途徑能促進持續改變。社工的角色便是協助了解和計劃後續行動。

053

語言的背後

這個社會很偏心，大家常聽到有「梁醫生」、「陳律師」等，卻比較少聽到「王文員」或「李保安」。職業分貴賤，學歷亦然。我們會尊稱「周博士」，卻沒有「吳學士」，更沒有「林副學士」。究竟是什麼道理？雖然我們未必贊同背後隱藏的價值觀，但嘴上還是會乖乖依從約定俗成的規條。也就是在大家自覺或不自覺的參與下，語言慣例才慢慢成形、被延續。

近年社會工作者也開始注意措辭；大多社福機構刻意將「老人痴呆症」改稱為「認知障礙」，「弱智」稱為「智障」，而「精神病人」則稱為「精神病復元人士」，以減低負面的標籤作用。同理，上一代流行「蒙古症」這個稱呼，似乎也帶有貶義，因此現在普遍改稱為「唐氏綜合症」了。除了名詞要小心使用之外，使用動詞的時候也要謹慎。當說「某些人罹患（Suffer from）唐氏綜合症」，也可能值得商榷。誰說他們因身體症狀而痛苦（Suffering）？說到這裏，或有讀者覺得不必

如此咬文嚼字，矯枉過正。我自己並不拘泥於政治正確用語，但認為在溝通時考慮他人的感受十分重要。

此外，不要小看語言的力量。我們掛在嘴邊的用語，不僅反映社會某種意識形態，更會強化社會對某些群體的刻板印象。因此，社會工作者宜細心審視日常用語。我便看過一所社區中心的活動海報，標示活動的對象是「本地家庭及多元族裔家庭」，暗示多元族裔家庭不屬於本地，其含意諷刺地與這中心促進多元族裔融入社群的目標背道而馳。

觀念解說

部份未有充足了解精神病的社會大眾，經常誤以為精神病復元人士必定會帶來安全威脅，對他們投以異樣的眼光，貼上污名標籤（Labelling），類似的行為容易讓復元人士自我否定，阻礙他們融入社會。

054

正向心理學

傳統心理學着重治療精神問題，但近年來興起的正向心理學，則着眼於如何為人締造快樂的生活。然而，我們人生中經歷的挫折和不快都是真實的，苦難不會因為我們抱有樂觀態度而就此消逝。對人生過分樂觀，反而降低應有的危機意識。我們都不會太過天真，盲目鼓吹正向。而事實上，正向心理學承認生活中的挫折，只是提醒我們，除了看清挫折，也要想到事情有好的面向。

當我們失意的時候，容易將問題放得很大。例如當我的投稿遭編輯退回，就容易沉溺在「自己毫無用處」的負面想法中。我們不用否認文章被退回的事實，但無需要把自己的價值和文章是否被採用掛鈎。我也當過期刊編輯，知道選用一篇文章與否，受很多因素影響。文章被一份期刊拒絕，不代表其他期刊都沒有興趣刊登。喬治‧奧威爾（George Orwell）的《動物農莊》文稿也曾遭退回，可見失敗乃平常事。我用心預備的文章，被退回之外，有時還會收到一些尖酸刻薄的批評，感到失望再也正常不過。但失望之後可以做的，是謙虛地看看

審稿人的意見，努力改善文稿，然後再物色另一期刊重投便是了。人生也是這樣。

如果，所有人都用放大鏡回望自己過去的失敗和挫折，至少一半人都需要接受心理輔導。另一半呢？他們早已尋死去了。與其只計較自己過去的成敗得失，自怨自艾，不妨也想想自己所擁有的，因為一切都不是必然。其實，上天給人最大的禮物，不是什麼幸運機遇或物質享受，而是一顆懂得知足、感恩的心。

觀念解說

正向心理學（Positive psychology）提出每人都能運用所擁有的特質和長處，建立一個有意義和目標的人生。社工的角色正正是陪同服務使用者去發掘潛藏的強項，藉此豐富其生活，保持正面態度。

本部份重點

- 社工為服務使用者進行需要評估,有助社會資源更有效地分布,過程中會考慮到規範需求、服務使用者的感受需求和表達需求。

- 小組通過人與人之間的互動而存在,並且不斷發展;因此在招募組員時,社工宜在均一和差異中取得平衡,並考慮個別小組的目標和性質。

- 小組的目標在於給予平台,讓組員彼此交流和自我反思,因此社工在活動設計上須讓組員循序漸進地分享,例如運用小組氣氛拉近距離,並運用留白增加組員自我思考的空間,以提升組員的參與。

- 社工在評估被改變的對象時宜把目光放遠,問題有時不只源自服務使用者自身,可能亦涉及團體、社區或社會的結構性問題。

- 倡議有助喚起公眾了解情況的嚴重性,社工亦不能忘記在行動結束後反思持續改變的途徑。

- 社工須留意自身的一舉一動，避免傳授錯誤觀念予服務使用者，例如審視日常用語，以免強化社會對某些群體的刻板印象。

- 社工的角色是陪同服務使用者發掘潛藏的強項，以增加其自主感和自我滿足感，保持正面態度，接受新挑戰。

第四部份
對服務使用者的了解

温柔的問候

醫務社工將服務使用者阿敏轉介到輔助就業服務，但作為負責社工的我，發現阿敏填寫的服務申請表錯漏百出，連電話號碼和出生日期都填錯。和她對話時，她幾乎對什麼都說好，使我懷疑她是否明白我所說的話。我內心不止擔心如何為她配對職業，也有點怪責為阿敏轉介服務的醫務社工呢。

既然已與她聯繫見面了，我也只好努力協助她。在我的引薦下，她到一間快餐店負責清潔工作。我怕她不知道怎樣到達上班的地方，便相約在上班的第一天，由她的住所一起出發到餐廳去。我按時到達，卻發現她已自行離開，令我白走一趟，此刻我才知道原來她根本聽不懂我先前所說。我不清楚她到哪裏去了，只好趕往餐廳看看。一到餐廳，她卻令我眼前一亮——穿着整齊制服的阿敏站在我面前。從那天起，阿敏投入工作，她掛着可親的笑容，很快已贏得上司和客人的愛戴。她勤力忠心，在三個月後，還獲頒發傑出員工獎。她的成功，使我慚愧。

我起初見她難以溝通，就以為她沒有工作能力，忽略她的長處。但事後證明，錯的是我。還有一次，我到餐廳探訪她之後，和她閒聊起來。她主動問我：「關先生，你經常要四出探訪我們這些學員，一定很累吧，是嗎？」如此溫柔的問候，我打從心底覺得很感動，原來我完全低估了阿敏的能力。儘管阿敏智力不及所謂的健全人士，但她所擁有的同理心，卻是我們所欠缺的呢！

觀念解說

社工擁有同理心（Empathy），便更能設身處地為服務使用者着想，站在他們的角度了解其感受和處境，亦能陪同他們一同發掘最適合的解決方法，更有助於滋潤雙方之間的關係。

謊話的背後

阿強是日間活動中心的學員，性格開朗。他與一位新到任的實習社工談得投契，最近還跟這位社工分享他和家人中秋賞月登高的趣事。起初，那實習社工不覺有異，但後來翻查紀錄，卻發現阿強根本沒有親人——中秋期間，他其實一直留在宿舍。阿強口中那些片段，原來也是自己捏造出來的。實習社工責怪自己輕信服務使用者，也無法理解他説謊的動機。

那實習社工帶着疑問，前來查詢：「阿強滿口謊話，算不算是一種病態表現？」我先不以病態角度去理解服務使用者的行為。聽到阿強的故事，令我最先想起的，是電影《劫後重生》的主角：他因飛機失事墮海，但卻幸運生還，獨個兒困在孤島上達四年之久。在孤寂無助的困境下，他在一個拾回來的排球上畫了一張臉，自製一位和他談心的朋友，名叫 Wilson。和一件死物結成好友，看似一個不正常的行為，但正如納粹集中營的倖存者、精神科醫生維克多・弗蘭克（Victor Frankl）所言：「在非常的狀況下有非常的反應，實

屬正常。」（An abnormal reaction to an abnormal situation is normal behavior）。

能與親友共度佳節，我們或視之為理所當然。但阿強在月圓之下，卻形單影隻，舉目無親。不要忘記，智障的朋友跟你我一樣，有社交的需要。阿強大概難抵長年以來的孤獨，唯有幻想和家人共聚天倫的快樂情景，以慰藉心靈。他畫餅充飢，其實正反映他的孤獨。若急於以病態的角度去理解服務使用者的行為，就難以明瞭他們的內心。

觀念解說

每個行為背後可能由不同的原因驅使而成，社工可以放慢腳步，透過蛛絲馬跡了解行為的成因，避免一開始就從一個較負面的角度詮釋服務使用者的行為。

殘障的因由

協助殘障人士,心須由理解何謂「殘障」開始。醫學模式(Medical model)和社會模式(Social model)對殘障有截然不同的理解。前者的焦點落在個人身上,而後者則重視環境的影響。從醫學模式看,若一個人的身體或心理有缺陷,這個人無疑是殘障的了;但據社會模式的理解,身心有缺陷者卻不一定是殘障 —— 假若環境有恰當的配合,令帶有缺陷的朋友可如常生活的話,殘障也就不存在了。

醫學模式似乎將殘障問題歸咎於當事人,期望他們透過治療及訓練等方法改變自己,以適應社會的要求;社會模式則強調社會要適當遷就殘疾人士,減少他們在生活上的不便。我提醒同學,事情可有兩面,我們並非要二擇其一。但環顧本港現在的康復服務,普遍偏重醫學模式。不是嗎?由庇護工場、訓練中心,以至宿舍等服務,似乎都較着力於改變康復者本身。社會模式給我們的重要提醒是:社會也是我們要改變的對象。

當我從事職業康復服務時，也着力協助學員控制病徵，並提升工作技能，以適應勞工市場。但是，要改變的對象，往往不光是康復者，還有他們所處身的環境。因此，我走訪不同的大企業和小商舖，為康復者爭取就業機會。我向僱主提議為康復者設彈性工時，以及較長的適應期；又爭取機會，向康復者身邊的同事講解與康復者相處的技巧，讓他們對康復者多一點接納和體諒。當大家都願意作出改變，社會上的殘障問題也隨之而紓減。

觀念解說

職業康復服務（Vocational rehabilitation service）主要包括透過多元化訓練，探索以及發揮服務使用者的潛能，並發掘更多就業機會，協助其成功就業，從而融入社會。

各有各故事

香港經典電影《監獄風雲》不單止有發哥精湛的演技，也為我們觀眾帶來一個嶄新的角度去理解監獄裏的世界。這套電影帶領觀眾跳出傳統的刻板定型：片中部份懲教人員，竟被描繪為濫權的反派人物，仗勢欺人；相反，一些犯了事的在囚人士，被塑造成有情有義的好兄弟。劇情並沒有把違法行為英雄化，但卻道出一些在囚人士不為人注意的辛酸。

許多事情，都可以從不同角度理解。就如監獄裏的囚犯，不一定都是窮凶極惡的。電影當中的其中一位囚犯盧家耀（梁家輝飾）本身是大好青年，因為父親的店舖受到滋擾，一時控制不了情緒與滋事份子推撞，混亂中錯手殺人，因而被判入獄。若非在電影中交代了他這個背景，我們就容易用既有的框架，理解「囚犯」的角色與行為，甚至會出現確認偏誤（Confirmation bias），選擇性地尋找證據證明自己的看法。社工所接觸的服務使用者來自社會上不同的階層，當中不少

也經常被貼上各式各樣的負面標籤：施暴者、吸毒者、新移民和綜援家庭等。那麼，社工應如何不帶偏見地看待各類服務對象？

別低估每個社會現象的複雜性，也不應該對任何人妄下判斷。兼聽則明，偏信則暗。因此我們必須保持謙虛，易地而處，用心了解每位服務使用者的故事。貼在服務使用者身上的標籤，大概只是他們生命的其中一面側影。多讀書，多與人交流也是避免偏見的良方，但間中要離開「同溫層」，才能夠吸收不同觀點。

觀念解說

刻板定型（Stereotype）指社會對各類人士有着一定的既定想法，例如「男主外、女主內」。要打破刻板印象，公眾教育發揮着很大的作用，讓每個人都能學懂從多角度理解事物。

059

關心照顧者

近年，社會對特殊教育需要（Special Educational Needs，簡稱為 SEN）學生的關注日漸上升。不過，當子女被診斷為 SEN 的一刻，家長大概都會感到晴天霹靂，不知所措。有些家長會無法接受自己子女與眾不同；另一些家長則會感到徬徨無助，唯有藥石亂投，如神農嘗百草般為子女試盡方法。作為社工，當然不能只關注 SEN 學童的需要，也會竭盡所能就家長的需要提供適時支援。

一般家長對 SEN 的了解十分皮毛，大概是因為這些資訊「事不關己」。不過，一旦事情發生在自己的子女身上，便會一下子感到無從入手，手足無措。為了協助這些家長，社工會為家長提供簡單易明的資訊，從而幫助他們漸漸明白子女的狀況和獨特的需要。譬如說，當家長明白患有自閉症的孩子較喜歡一些重複的動作，並通常會害怕改變等情況和習慣，就會對他們的行為增添了一份理解。另外，社工也會透過服務，讓家長學習到一些實用的管教技巧，從而懂得應對子女的情緒和行為表現。此外，社工也會連結和轉介他們到合適的社區資源，進一步讓家庭得到更大的支援。

有些 SEN 家長積壓着不少心理壓力，長期飽受心理煎熬，或會以非正向的方式對待孩子，如：體罰、呼喝子女等。故此，社工需要為家長提供到位的輔導服務。除了個案工作之外，社工亦會讓家長組成互助支援小組，讓一眾同路人能有一個互訴心聲、彼此支援的平台。説到底，照顧好自己，才能好好照顧家人。

觀念解説

社工除了關注 SEN 學童的需要，也要為他們的照顧者提供情緒和心理支援。

觀點與角度

讀過一篇名為〈告別暴力〉的文章，講述社會福利署的社工如何協助一名被丈夫施暴的女士阿英。故事的主題已表明，社工想要針對的，是暴力。文章顯示，社工們的確能成功幫助阿英逃離丈夫。但於我看，個案中的社工或有忽略案中男士心理需要之嫌。我不知道，這是否與負責個案的社工是女士有關。

請容許我這位男士分享自己的一點想法。年近六十的丈夫，現在沒有收入，家庭中的地位早已受威脅；另一邊廂，太太阿英不止在茶餐廳工作，而且年紀比李嘉欣還年輕！這樣的背景下，我們或可理解，為何阿英的丈夫懷疑她有外遇。我們無法知道阿英是否有外遇，但根據文章的說法，社工們卻好像假設了阿英的丈夫是出於多疑而無中生有。但試問，社工們憑什麼得出如此結論？阿英丈夫的懷疑，真的屬於無理嗎？如果我們先入為主，就難免得出片面的理解。

對於暴力，我會毫不猶豫地舉腳反對，但我仍會嘗試帶着同理心，理解暴力可能是那位丈夫展現自己權力僅有的方法。社工若能理解他行

為背後的因由，才懂得與他對話。我們要保障阿英的安全，但簡單地把她丈夫看成「施暴者」，便容易漠視他的需要。其實，個案的焦點，不一定集中在告別暴力之上。「橫看成嶺側成峰，遠近高低各不同」——說不定，從某一角度看，故事主題可能是「男人之苦」才對呢！

觀念解說

社工在進行介入時，應加入性別的角度（Gender perspective），去理解服務使用者的處境和需要。

機會不屬我

在香港，15 至 29 歲群組的年輕人失業率高企。不少年青人以躺平心態，喊着：「這些機會不是屬於我的！」吃苦耐勞的成年人或忍不住口，批評這樣的年輕人欠缺堅毅、容易放棄。然而，如此對年輕人指指點點，只顯得我們對他們的處境欠缺理解。如果這些批評的説話是出於坐享「收成期」的上一代，更討年輕人厭惡。

社會向上的流動性大不如前，而房價也高不可攀。現在即使是大學畢業生，置業也成不可企及的目標。至於那些低學歷的年輕人，更加容易被排斥於主流社會之外。他們因為輟學、成績不理想，無法取得進入勞工市場的「入場券」。僱主普遍認為這群年輕人工作懶散，連基本待人接物的技巧也欠奉，於是在招聘時擺出「無工作經驗者免問」的態度。結果，這群年輕人也就容易落在「沒有經驗 — 不獲聘用 — 沒有經驗」的惡性循環中。既然機會渺茫，自然不敢對未來有太多的期許。這就難怪，很多年輕人的自我效能感（Self-efficacy）也偏低，不相信自己能從困難中克服過來。

與其怪責他們好逸惡勞、不懂上進，不如好好為這群年輕人創造合適的機會，為他們提供成功經驗。社工要嘗試發掘他們的強項，燃點他們對工作的興趣。又例如，社工可以透過工作實習，幫助他們獲取工作經驗，以增加正式錄用的機會。社工亦需要與政府、商界合力，為年輕人拓展更多上流的機會。

觀念解説

自我效能感（Self-efficacy），意思是個人對自我能力的信任度，關乎對自己可以完成指定任務的信心。

人在環境中

社會工作中有「人在環境」這一重要概念,強調人與環境密不可分,而家庭因素往往對青少年的成長有舉足輕重的影響。許多時候,所謂「兒童及青少年問題」,反映的正正是他們的家庭問題。青年工作者別捉錯用神,在了解少年人的行為時,不可忽略他們所身處的家庭系統。

我遇過一位十分內向的年輕人阿強,他隱蔽在家中,沒有上學。經過好幾次家訪,我才終於和他打開話匣子。也透過他媽媽,得知阿強在家中的的怪異行為,尤其對媽媽十分粗暴。他對我尚算和氣有禮,但卻常對媽媽口出惡言。他不斷以破壞家中的電器和家具作為威脅,索取自己想要的東西。只要稍微不順他意,便會動手破壞家品。更甚的是,個子不算高的他,會對媽媽動粗。當他媽媽向我展示瘀傷,我便憤怒起來。之後我便質問阿強何解如此大逆不道,他竟理直氣壯:「她沒有順應我的要求,咎由自取!」他的野蠻行徑,令我感到錯愕,一時無語。

後來的一次家訪，讓我遇見阿強的爸爸。我見識到他怎樣在阿強面前，用流利粗口侮辱他的妻子（阿強媽媽），連我這位社工也無辜被「問候」。但另一邊廂，他對阿強卻十分溺愛，處處維護。於是我開始明白阿強對母親驕橫跋扈的緣由，對他的怒氣也消減了。而我知道他的「偏差」行為，其實反映着他的處境和需要。因此，我也不會只着力矯正阿強的行為，也會嘗試努力改變他所身處的環境。

觀念解說

按「人在環境」（Person-in-environment）的概念，社工除了要看見服務使用者現有問題，亦須了解服務使用者與環境是否出現不平衡狀態。透過治療調整內在人格，並配合調整外在社會環境，進而提升個人成長及適應環境的能力。

接觸新一代

上世紀八十年代，青年中心是許多年輕人放學之後的聚腳點，那時候沒有太多娛樂消遣，青年中心的活動因此成為當時年輕人的選擇。但現在娛樂活動多的是，新一代對活動質素的要求也比上一代高。因此，要讓青少年積極參與活動是一大挑戰。若不成功，恐怕「青年中心」也再沒有青年了。

凱勒（John Keller）所提出的「ARCS 動機模式」或許能給予我們一些啟發。ARCS 指的是四個影響人動機的重要元素，分別為引起注意（Attention）、切身相關（Relevance）、建立信心（Confidence）和得到滿足（Satisfaction）。要令青少年對活動產生興趣，或許需要講求噱頭，連活動名稱也要講究，吸引他們的眼球，突破傳統公式化的套路，大膽創新。以時下流行的話題、圖片引起青少年注意可以是方法，但始終內容必須迎合青年口味，與他們的日常生活及需要息息相關。因此，活動設計要從青年角度出發。至於那些上而下的説教內容，只會換來呵欠連連。設計活動時，也要考慮到讓參加者獲取的成

就感，因此，活動的要求和深淺程度
要恰到好處：太艱深的話，會令他們
卻步；太容易呢，則沒有趣味。

最後，令參加者得到滿足感，是活動
必不可少的一環。雖然說坊間活動琳
琅滿目，但現在的青少年比以往的一
代快樂嗎？青年人面對升學、就業、
家庭、住屋和感情等「一籮籮」的困
擾，單靠青年中心的社工當然不可能
把這些問題迎刃而解。但如果中心能
夠成為讓他們發揮所長的空間、結交
朋輩的平台，並能提供有用的支援，
以及有聽懂他們內心話的青年工作
者，也是美事。

觀念解說

若參加者獲得成就感（Sense
of achievement），能推動他
們追求進步，有助發揮個人
潛能及促進個人成長。

精彩黃昏時

我們的社會對死亡仍存忌諱;因為我們避而不談,對死亡的認識也不多。我特意和我的學生一起觀賞由瀧田洋二郎執導的日本電影《禮儀師奏鳴曲》,讓同學感受離別的意義。電影講述主角大悟作專業納棺師,目送不同客人入棺的最後一刻。他深切地感受到逝世者有尊嚴地離開的重要,從而引發他對生命的反思。

這部電影在台灣譯作《送行者》。我告訴同學,從事長者服務的社工,也是不折不扣的「送行者」。不是嗎?若在青少年服務工作日久,常可以看見年輕小子各有發展,甚至出人頭地。但投身於長者服務的社工,卻難免要向一個又一個的長者道別。香港人壽命之長乃世界第一,大抵反映我們城市擁有先進的醫療、衛生及交通系統。但常言,生命不在乎長短,而在乎活得有沒有意義。當人步入晚年,或容易迷失方向。有一些長者自退休後,便有一種「每日只在倒數」的感覺,滿有悲涼。而長者自殺更一直是社會的嚴重問題,為所有年齡層最高,卻未被社會所注視。

要看一個城市是否真的先進，還要看當中的長者是否活得快樂。為長者而設的社交康樂及支援服務，有助延緩身心衰老之外，也減少他們的孤寂感。而心理輔導也可改善情緒，以及和家人的關係。長者服務的重要，無須贅言。在我們這個人口老化的社會，更需要一群社會工作者默默付出，讓長者朋友積極樂頤年，在人生最後階段活得精彩。

觀念解說

長者服務能協助長者朋友建立健康的身心，支持他們活出豐盛的晚年。

靈性的追求

人分身、心、社、靈四方面。人有身體上的需要，要吃得飽；人有心理上的需要，要有自信；人有社交上的需要，要交朋友；人也有靈性上的需要，要尋求意義。許多人也誤將靈性等同於宗教。得指出，無神論者當有靈性的渴求。而那些宗教場所的常客，亦不一定認真於靈性上的追求。若輕易滿足於現成答案或標準的宗教術語，或只顯出靈性的膚淺。

受專業化影響，靈性議題往往因為無法通過科學驗證而被忽略。對不少社工朋友而言，靈性層面是較陌生的一環，也因而忽略服務使用者靈性上的需要。人的存在意義都關乎靈性層面，歷代哲人不斷尋問：「人從哪裏來？又往何處去？人生究竟為何？」從宇宙永恆的角度看，每一個人在世的生命，也是曇花一現，轉瞬即逝。那麼，今天的努力，豈非枉然？那些因為落敗而掉下來的淚水，也顯得多餘。現在叫我們所自豪的成就，以及令我們痛苦的憾事，將一併變成虛無，彷彿未曾出現過似的。只要我們認真思索這種「虛無」，也會叫我們心裏不知所措。人類用不同的方法，為心靈找來寄託，想脫離如此的

不安。許多服務使用者正正因為生命缺乏意義感和價值感，而焦慮不安。

所謂的工作狂，他們日以繼夜沉迷上班，在職場上大展拳腳，所追求的不止是物質回報，也不光是要得到他人的認同，而是透過工作表現，獲得一種比較實在的存在感。富人努力創造財富，跟提升生活水平已沒有關聯。他們在富豪排名榜上爭一席位，希望被世人紀念，也求確認自身存在的意義。一些政治領袖、學者，亦有一種名留青史的野心，想刻上「到此一遊」的記號——這些人的共同點，都是在追求存在的意義。

觀念解說

按「身—心—社—靈」模式（Bio-psycho-social-spiritual model），社工除需要關注服務使用者的身體、心理和社交外，也需顧及他們靈性上的需要。

別視而不見

社會工作以致力幫助弱勢人士為使命。因此社會上被忽視的社群，正是社工需要重點關注的目標對象。但說來慚愧，多元族裔人士不單容易被社會公眾忽視，即使在社會服務層面上，也未全面得到重視和關注。根據 2022 年初發表的香港人口普查，本港人口中有 8.4％為非華裔人士，但在主流社會服務中，他們的佔比卻極低。

這是否代表多元族裔人士對社會服務的需求比較少？當然不！他們其實與我們一樣，每天面對着生活上的各樣難處，加上受到文化差異的影響，他們遇到的困難着實比本地華人有過之而無不及。目前香港設有幾所少數族裔人士支援服務中心，以輔助他們融入社區。然而，主流的社會服務往往以本地華人的需要及角度出發，未有積極回應其他文化背景的服務使用者。然而，難道當遇到有精神健康需要或家庭問題的多元族裔人士，便應該一概將之轉介到少數族裔人士支援服務中心嗎？多元族裔人士眼見不容易得到合適的支援（甚至從來沒有機會認識或接觸有關服務），也就自然減低使用服務的意欲。當這類服務

使用者人數停留在極低水平，也就讓
社福機構持續忽略他們的需要，形成
惡性循環。

要突破窘局，主流服務就必須有策略
地就多元族裔人士的需要，設計相關
服務。當然，要每一間服務中心也投
放資源支援多元族裔人士，大概並不
划算。但值得考慮的是，我們可在全
港各區的主流服務中心（包括青年中
心、家庭服務中心、社區精神健康中
心等），邀請每區指定的服務單位在
服務設計上添加更多多元族裔服務的
元素。當這些單位累積一定的相關經
驗，整體服務發展便會更趨成熟，亦
更能體現社會工作的價值。

觀念解説

在全球化（Globalization）
的趨勢下，文化多樣性
（Cultural diversity）成為了一
個社會現象；社工需要針對
不同文化需求提供合適的服
務，以及透過公眾教育提出
不同文化之間需互相尊重。

本部份重點

- 社工擁有同理心更能設身處地為服務使用者着想，站在他們的角度了解其感受和處境，陪同他們一同發掘最適合的解決方法。

- 社工要避免一開始就以較負面的角度詮釋服務使用者的行為，宜從多角度了解成因和服務使用者的需要，免生偏見。

- 部份照顧者積壓着不少心理壓力，社工會為他們提供情緒和心理支援。

- 社工除了需要從服務使用者的個人層面了解問題，亦須了解他們與環境是否出現不平衡狀態，嘗試努力改變他們所身處的環境，例如：為年輕人創造合適的機會，提供成功的工作經驗，以增加其獲聘機會。

- 接觸年輕服務使用者時，需在宣傳上大膽創新以引起其注意，活動內容亦需與他切身相關，活動設計也要恰到好處以建立其信心，並能從中獲取成就感。

- 長者服務，如社交康樂、支援服務和心理輔導，能協助長者減少孤寂感，建立健康的身心，支持他們活出豐盛的晚年。

- 社工除了關注服務使用者的身體、心理和社交外，也需顧及其靈性上的需要，陪同他們尋找生命的意義和價值。

- 社工不能忽略其他文化背景的服務使用者，需要針對其需要提供適切的服務，以及透過公眾教育，提出不同文化之間需互相尊重。

第五部份
社工管理與服務發展

為時代把脈

要從外地輸入社工，以取代本地的社工，談何容易？因為作為稱職的社工，不光要了解服務使用者的需要和背景等「小氣候」，也要具備時代觸覺，對整個社會的「大氣候」有所掌握；如此，社工的介入才可因時制宜，適切地回應社會的需要。畢竟，大家也活在社會之中，政治、經濟、文化和科技等趨勢，都與我們的生活息息相關。能夠掌握本土社會的脈搏，是本地社工的優勢，宜好好善用。

有社福機構趁每年一度的主管退修日，進行「環境掃描」，檢視目前的社會狀況，為機構發展提供方向。其實，前線社工也要審時度勢，為身處的時代把脈，以避免閉門造車。即使是專責微觀介入的社工，也同樣要具備宏觀的視野：獨居長者人數上升、成年人未婚的比例增加、整體市民的精神健康問題日益嚴重……這些近在咫尺的社會現象，不可不知。社會上，許多事情環環相扣，就如人口老化不單關乎長者服務，也同時對康復服務的發展有舉足輕重的影響。智障人士和他們的照顧者同樣邁入耄耋之年，協助這類「雙老家庭」便成為康復服務近年的重要挑戰。

要緊貼社會趨勢，我們才能迅速回應社會需要。在後新冠疫情時代，社工要認真思考如何為基層人士消除「數碼鴻溝」，以及協助長者、智障人士等使用網上平台。社會變化衍生出各種問題，但也可帶來進步的契機。在新冠疫情爆發之後，資訊科技的應用，尤其網上會議變得愈來愈普遍。如何利用網上平台有效地提供線上服務，成為同工需要認真探討的議題。

觀念解說

社工不時需要進行環境掃描（Environmental scanning），讓自己不會過度聚焦於服務使用者的自身狀況，更要從宏觀的角度了解政策和社會因素對不同人士帶來的影響，尋求資源，改善有需要人士的問題。

機構董事局

現時香港的社會服務機構，多數由受薪的職員負責營運，其中大多數為社會工作者，很多機構的總幹事或行政總裁都是社工。很多朋友誤會，以為這些機構負責人擁有很大的權力，但實際上平時威風凜凜的總幹事，在董事面前卻誠惶誠恐——很多時候，能真正左右大局的是機構的董事局。可是，我們似乎很少關注董事局的組成，以及董事的質素。

董事局的角色，應該在於確保社福機構按成立宗旨提供服務，同時監督機構運作。但有些董事空有其名，連會議都甚少出席，根本沒有履行監督的職責：當個橡皮圖章，輕輕鬆鬆出席剪綵開幕，或在有需要的時候要機構為自己行個方便；當機構遭遇問題，便拍拍屁股，說句：「我只是一名義工。」相反，在某些社福機構裏，一些董事過於積極，幾乎越俎代庖取代總幹事，插手干預機構的日常運作。負責監管的親自落場，那誰去監管他們呢？而如果董事不時直接下旨要這要那，社工便會淪為執行者。但社工專業貴乎能以社工信念作出專

業判斷，而長久在上而下的管理模式下工作，會浪費甚至磨蝕社工的判斷能力。

社會服務機構的董事會成員，都是不受薪的。然而，他們位高權重，必須確保機構妥善運用資源，並要向公眾問責。因此，成為機構董事的人，須要認真履行董事職責。要避免董事局成為小圈子，側重於某類人士的利益，相反要把多元聲音帶到董事會裏。而董事會也應當尊重受薪的管理人員，放手讓管理團隊自行處理日常事務，令專業同工有一定的自主空間發展服務。

觀念解說

非政府組織的董事會 (Board of directors)，負責為組織提供策略方向，監管受薪的職員，確保機構按本身的目標及使命運作。

機構的個性

同樣是以服務社會為目標的社福機構，服務質素可以大相徑庭，原因
當然有很多，其中不容忽視的是他們的機構文化。機構文化是指在機
構之內，大部份員工所共同信奉的價值和依從的行事慣例。常言，性
格決定命運，而機構的文化，也同樣左右其服務發展。良好的機構文
化，能夠減低員工流失率，也較易獲求職者的青睞。

那麼，我們怎樣知道一所機構的文化呢？機構的年報或網頁可能也會
寫上他們的使命、信念，但大家都不會盡信。一些不成文的規定，會
靜悄悄地塑造一所機構和當中的員工，而機構的文化則會滲透在不同
的工作環節，故員工的處事手法、工作流程，以至他們慣常使用的語
句、符號等，也呈現出機構的文化特色：有一些機構重視程序規章，
每事都按部就班；另一些機構講求彈性，鼓勵員工靈活地把目標達
成；有些機構顯得積極進取，希望保持在服務領域中的龍頭地位；也
有機構習慣低調幹實事，不愛大鑼大鼓的服務宣傳。員工上下所遵從
的價值，便成為了機構的特徵了。反過來說，他們在機構工作日久，

個人的工作態度與習性，也自會受到
該機構的文化所熏陶。

得指出，機構文化對社福機構尤其重
要。社工日常所面對的工作複雜多
變，難以簡單地依從一式一樣的工作
程序。而社工通常也單獨接觸服務使
用者，所以他們的工作表現也不容易
受監管。但除了規章程序之外，機構
文化都能對員工發揮約束的功能。
「近朱者赤，近墨者黑。」──當某些
優良文化能植根於機構，便形成一股
力量，推動員工上下朝向正面的方向
邁進。

觀念解說

機構文化（Organizational
culture）是在機構建立和發展
的過程中慢慢形成的，當中
涉及一系列的理念、價值觀
和指引等。

領導的優劣

社福機構的表現受很多因素影響，但不得不提的，是領導的質素。普遍而言，社福界對領導的要求、培訓未算嚴謹。有些時候，稍有年資的同事，也擢升到督導的職級。他們或許是表現亮眼的前線社工，對於成為領導，卻略欠足夠的準備。某些同工雖然對前線工作駕輕就熟，但個性和胸襟均不是天生當領導的材料，而當他們被升遷至主管崗位，可能會為團隊帶來破壞性的影響。

作為主管，首要的其實是承受壓力的能力。若他們不當地把自己從上司而來的壓力施加予下屬，動輒便大發雷霆，便會對團隊引起負面的影響。不過，若以壓力作為推動力，對下屬有嚴格而清晰的要求，卻是一件好事。君不見許多做事認真的上司，也頗受下屬尊重？他們有清晰的要求，以身作則地帶領團隊邁向卓越，亦令同事更為團結。然而，一些主管的想法則難以捉摸，團隊對於主管的要求無所適從，便讓他們十分困惑。這些主管所關心的，往往只是避免同事製造麻煩，影響自己仕途；也有一些主管自以為是，經常擺出一副高高在上的姿態，不願聆聽團隊的意見，但其實前線同事接觸服務使用者的機會比

主管還要多，往往更了解社區的實際需要。主管不願接納下屬的意見，不單止會炮製「堅離地」的決定，亦減低同事對工作的投入度。

良好的主管不用威嚇，下屬亦能心悅誠服。他們具工作熱誠，感染下屬積極上進。他們能以同理心了解大家的難處，並透過坦誠溝通，訂立合理的工作目標。即使公務繁忙，也能保持穩定的情緒，臨危不亂。尊重團隊，公私分明，以道理贏取信任。面對幻變的社會，他們鼓勵思考，引領團隊以創新思維解決問題。遇上如此優秀的主管，是下屬之福，也是服務使用者之福。

觀念解說

變革型領導（Transformational leadership）是一種領導風格，可以帶動到下屬作正面改變。這些領導者不僅關注並參與服務過程，還專注於協助團隊中的每一個成員取得成功。

071

服務的縫隙

艾皮‧萊德爾（Ann Landers）將人分為三類：第一類人善於創造，致力推動新事情的發生；第二類人袖手旁觀，懶洋洋地等待事情的發生；第三類人則後知後覺，傻乎乎地問：「咦，有什麼事情發生？」我覺得社會工作者在回應社會需要時，必須屬於第一類。不能等着上司指示和安排，只顧聽命行事，而不懂創新。

關於服務創新能力，我想起七、八十年代的社工前輩，不用常常把創新掛在嘴邊。不過，那些前輩卻能夠創造出一個又一個切合時勢所需的創新服務。他們沒有包袱，工作方式很簡單：看到有社會需要，便設法回應（亦即「填補服務縫隙」）。現在的社工朋友常常絞盡腦汁，要想出「創新」的服務來，有時候找不到新意，只好為既有的服務加上種種「新鮮」的噱頭，總之要新、新、新⋯⋯可惜現在的服務發展已經十分成熟：《津貼及服務協議》條文仔細，再加上各種風險管理措施，也就扼殺了服務的創新空間。如此氣氛，容易產生「少做少錯，不做不錯」的工作態度，又怎會衍生真正創新的服務？

現在很多機構都想創新，但機構可能要反思的是：現行機構文化有否提供足夠的空間，讓同工發揮？管理制度是獎勵，還是懲罰會創新的同事？有否視犯錯為學習機會？只有提供合適的土壤，同工才能在跌跌撞撞的過程中，建立切合時代所需的服務。

觀念解說

社工需多留意現時的服務模式，以及發掘更多潛在需要，從而填補服務縫隙（Service gap），讓更多有需要人士，得到全面及與時並進的服務。

創新的源頭

社福機構的同工每天費盡心思,就是為了炮製出各種創新服務,從而填補服務空隙 (Service gap)。創新並不是靠憑空想像而成,而是需要前線同工大膽假設,小心求證,細心了解服務者使用者切身的需要,再為這個群體度身訂造服務。在二十年前,筆者在職業康復服務中遇到一些充滿孩子氣的年輕人,引發了我推動青年職業康復服務。後來,這個服務構思獲社會福利署採納,並命名為「陽光路上」培訓計劃。

當時我留意到,從醫院轉介來接受培訓服務的,當中竟包括不少十多二十歲的年輕人。他們大多因為患上或曾經患上精神病而無法繼續升學。雖然他們願意參加就業培訓,但對於工作卻毫無概念。當時的服務,沿用「先在職,後培訓」(Place-then-train) 原則,所以我也盡力為他們安排些短期有薪實習。然而,他們不少也因着種種原因而中途放棄,甚至答應了上班以後,卻無影無蹤地失約。他們待人接物有時會有失分寸,原來就連生活作息也頗為混亂,因此急於把他們派往實習地點,大概也無補於事,甚至會得失提供實習機會的有心企業。不

過，當我退後一步，反思服務的不足時，便發現其實當時我們慣常轉介的工種和提供訓練的方式，跟年輕人的需要也總是格格不入的，所以也難免未能吸引他們。於是，我便萌起發展新服務的念頭。

我先把這些意念和想法寫下來，然後再向我的上司、同事講解，爭取他們的支持。上司和同事給我「開綠燈」，於是我的團隊便試着按年輕人的特性，籌辦青年職業康復課程。檢討以往的經驗後，我們革舊鼎新，對服務的內容進行修正，並且加強向外推廣新服務的構思和成效。驀然回首，當目睹那些少不更事的年輕人因着服務而脫胎換骨，暖流便如泉湧流到心裏。

觀念解說

為了使服務發展與時並進，社工需要具備創新（Innovation）思維，設計出符合社會需要的服務計劃。

073

五關與六將

社工同學在社區中心辦了一個音樂會,反應欠佳。在偌大的禮堂裏,只有十多名參加者,難免叫表演者和主辦者氣餒。同學抱怨,她在活動前已做了頗多宣傳,四處派發活動單張,卻得不到相應的效果。這的確很可惜,因為即使有一流的活動,但欠缺參加者的話,一切也是徒然。那麼,怎樣才能好好推廣我們所舉辦的活動呢?

根據消費者購買決策模式(Consumer Processing Model),由發放宣傳資料至影響目標對象的行為,需要「過五關斬六將」。這個時代資訊泛濫,我們很容易便會因為被迫接收太多資訊而覺得疲倦,除非遇上特別搶眼奪目的事物,否則根本無暇一顧。吸引眼球的秘訣,是要讓目標對象感覺內容切身而有趣。而訊息也要清晰易明,才能讓接收者易於掌握重點。即使目標對象看懂我們想要表達的訊息之後,也要贏取他們的認同。不過,過了幾關,其實也仍未稱得上是成功;有時候,當看到活動宣傳時,我們也許會很有興趣參加,但因為沒有當機立斷報名,亦沒有認真的寫在自己的行事曆上,拖延之下,便把參加的念頭忘到九霄雲外。

要突破以上的難關，宣傳不能只靠硬生生地將活動內容羅列出來，而是需要多從服務使用者的角度思考。要清楚界定活動的目標對象，並了解他們的特性，從而採取針對他們的推廣方法。更加根本的是：社工要摒棄孤芳自賞的心態，多把心思放在推廣活動之上。

觀念解說

沒有參加者的活動，毫無意思，因此活動推廣乃重要的一環，方能接觸目標對象，鼓勵他們參與。

074

選拔要留神

社福機構在招聘員工時，不能急就章。展開招聘前，負責人要先了解空缺崗位的具體任務和職責，然後分析該職位合適人選需具備的條件。選拔須依據明確標準，不能光憑眼緣便草草了事。但招聘時總會遇到一些應徵者在面試時說得天花亂墜，但卻無從證明其實際工作能力，故要細心觀察，並須聯絡諮詢人以了解他們過去的表現，勿因為急需人手便聘用機構無法信任的應徵者。

但無論在篩選、面試時如何細心，總會有「走漏眼」的情況。若聘用了不適合的員工，應該在試用期完結前就結束僱傭關係。若在員工通過試用期之後才將他們解僱，對僱傭雙方的傷害都會更大。但社福機構處處講人情，要把員工辭退並非易事。一些被解僱的員工可能會反過來指控機構無理解僱，為主管和機構帶來麻煩。有主管對表現欠佳的下屬放任不處理，寧願多把工作交給其他表現優秀的員工，變相懲罰了他們。因此，不是當個「好好先生」或「好好小姐」便是一位好的上司，有需要時或要果斷解僱不稱職的下屬。

當然，解僱不是唯一的出路。有一些所謂的「問題員工」，工作態度其實不差，只是未能配對到合適的崗位，或欠缺了需具備的職業技能。這些情況下，可以透過調配工作安排、在職培訓及督導改善情況。若真的走到要解僱的一步，就謹記要做妥文書紀錄，保障自己也盡可能做到好聚好散，「和平分手」。

觀念解說

人才是社福機構最重要的資產，選拔時要十分留神，疑人不用。

人才不可失

常言道：人才是機構的重要資產，而這對於社福機構特為尤甚。因為社會服務是依賴人去提供，而非機器。當我們說某某機構是一間出色的機構，不是指它的建築美輪美奐，而是說內裏的職員能提供專業的服務。君不見在退休潮和移民潮的衝擊下，青黃不接的問題已逐一浮現？因此，有兩個值得管理層深思的人力資源課題：怎樣招聘優秀的人才？怎樣留住這些人才？

在整筆撥款津助制度之下，受津助機構可以彈性訂立工資水平。有一些機構管理層還暗喜，以為這樣便能以較低薪金聘用新同事。然而，即使獲聘的申請者願意接受較低的薪酬，他們也未必願意為你賣力，當有合適機會便會萌生辭職念頭。說實話，很多投身社工行列的朋友，不太着眼於薪酬：不少同工寧願賺少一點，也樂意留在有意義的工作崗位上。但眼見機構坐擁巨額儲備，仍吝嗇於前線同工的薪酬，就會打擊士氣。不患寡而患不均，「同工不同酬」、「肥上瘦下」的現象更加容易產生不滿情緒。可惜的是，有一些機構主管，並不珍惜同

事，不當員工流失為一回事。他們以為只要有錢在手，就容易另聘新人取代離職同事。

事實上，員工流失率高，社福機構的代價甚大。首先，招聘、遴選、迎新及培訓的過程所費不貲。而新同事到職，首一個月是適應期，基本上沒有貢獻，還需要其他同事花時間指導。而當同事不停離職，不單不能建立人才庫，也意味着服務經驗難以累積、傳承。服務使用者今個月認識了這位社工，隔一個月又要認識另一個新面孔，對服務的影響，可想而知。

觀念解說

員工流失率（Turnover rate）高，社福機構的代價甚大，也不利服務的持續發展。

076

服務的動力

我不是浪漫之輩,當然知道社工跟普通打工仔一樣都要糊口。社會工作者是一份受薪的工作,而社福機構為員工提供正常的薪酬也是合理不過。在整筆撥款津助制度推行後,香港社會工作者的薪酬待遇談不上優厚,但普遍來說,新入職社工的起薪點仍然較一般大學畢業生高。然而,驅使我們履行社會工作使命的,不應該是金錢,否則所提供的服務恐怕會欠缺人情溫度。

格拉斯·麥葛瑞格(Douglas McGregor)提出「X 理論」和「Y 理論」:「X 理論」假設員工本身厭惡工作,但既然受人錢財,唯有替人消災;「Y 理論」則假設工作本身會為員工帶來滿足感。我的想法是,「X 理論」難以應用於管理社會工作者。如果管理人員以金錢為主要方法激勵員工,可能一時奏效,但當某些員工已相當富裕,再沒有財政負擔,或者已達薪金頂點,金錢這項誘因便未能發揮效用。而當社工厭惡工作,只因「睇錢份上」或者怕受到懲罰才願意提供服務,他們

只會是沒有靈魂的軀殼，難以和服務使用者建立真摯的關係。況且，社工的工作根本難以監察，這點不贅。

「Y 理論」則比較合符社工的工作性質。在助人歷程中所獲得的回報，不能以金錢衡量。一直以來，眾多投身社工專業的同工，不光為了實質利益和回報而服務。他們帶着使命，由衷去幫助服務使用者。但有一些年輕社工之所以入行，主要是看中這個行業的工作比較穩定。與其喚醒他們的初心，不如協助他們思索自己工作的意義。

觀念解説

「X 理論」（Theory X）假設員工厭惡工作，要靠威迫利誘才會努力；「Y 理論」（Theory Y）則假設人本性喜歡在工作上發揮所長，獲取滿足感。

077

需求五層次

馬斯洛（Abraham Maslow）的需求層次理論為社工學生所熟悉，但同學未必注意到，該理論對激勵員工也有重要啟發。根據理論，人的需求可分成生理需求、安全需求、社交需求、尊重需求和自我實現需求五個層次。作為社福機構管理層，若想下屬努力工作，就要能夠滿足他們這些不同層次的需要。

要滿足員工基本的生理需求，就要提供合理的上班安排，例如要考慮在宿舍或夜展隊工作的員工是否有足夠的休息時間；而要滿足安全需求的話，則要保障員工在工作中免受傷害，例如當防疫裝備不足，職員在確診新冠肺炎後仍要當值，就正正威脅着員工和其他人的安全；另外，穩定的工作，才會為員工帶來安全感。香港有一些服務並沒有得到長期的政府津助，而這些服務的主管，有責任確保服務項目獲得持續的收入，令表現稱職的同事不會感到朝不保夕。已故資深社工領袖曾永強[1]先生，曾經如此叮囑自負盈虧服務單位的主管：「我們要記着，我們看到的不是幾十位同事，而是幾十個家庭。」

工作能成為我們結識朋友的重要途徑。當團隊關係融洽，社交需要得到滿足，大家工作也會更投入；要令員工感覺到被尊重，就必須讓員工感覺到被重視，工作成果被認同。不少社工入行，大概也想為社會作出貢獻；而主管要滿足社工的自我實現需要，就要給予充分空間，讓同事按自己的潛能和信念，一展抱負。

觀念解說

需求層次理論（Maslow's hierarchy of needs）是由美國心理學家馬斯洛所提出，指出人類各種需求可被分為不同級別，滿足較低層次後才能追求更高的層次，而最高級別為自我實現（Self-actualization）。

註釋

1　引述自香港基督教女青年會同事。

公關和社福

一些社福界朋友以為，公共關係工作只是故弄玄虛、用作吸引眼球的門面工夫。但時至今天，公關真的是無關痛癢的事情嗎？以往，大多社福機構的確傾向強調實而不華，很少注重對外關係。時而世易，現在公關工作日益重要，不少社福機構也設立傳訊部，務求加強與大眾及傳媒間的聯繫。畢竟，社福機構要立足於社會，就應當建立良好的公共關係及機構形象。

雖然進行公關工作所費不貲（除了金錢，還涉及人力及時間等成本），但有效的公關工作可以拉近社福機構與廣大市民之間的關係，從而促進他們對機構工作的支持與參與程度。為提高其組織的知名度，不少社福機構會透過舉辦記者招待會，發布最新的統計數據或調查結果。而它們舉辦這些活動，不應只為爭取媒體曝光率，還須在發布數據之先，辨清背後想向社會大眾帶出的訊息。過程中，社福機構需要展現出良好的說故事能力，讓大家清楚了解該機構的使命和工作，以及成功引起公眾對某些社會議題的關注及討論。

除了「主動出擊」外，有些時候機構都要利用公關作「防守」用途。君不見社福界中，公關危機處處？某機構因職員被指涉及虐待服務使用者而挨批；也有機構被指「肥上瘦下」，厚待高層，但卻刻薄前線員工。若機構形象受損，招募義工、招聘員工，甚至服務使用率、籌募經費等也會受拖累。良好的公關工作或可避免形成公關災難，維護機構聲譽。當然，如果機構真的腐敗不堪，則「關公」難救。

觀念解說

現今的社福機構需要與社會大眾保持良好的關係，並具備危機處理能力。

文化敏銳度

香港號稱華洋雜處的亞洲國際都會，但其實華人仍佔人口中的最多數，而多元族裔也只佔服務使用者的少數。別以為多元族裔人士沒什麼服務需求，因而較少使用社會服務，其實他們使用社會服務比例嚴重偏低的情況，非常值得我們深思。

我們要反思，是否因為我們的社會服務缺乏對不同文化的敏銳觸覺，形成了一種排擠多元族裔的環境？香港的社會服務由華人主導，全因現時入讀大專社會工作訓練課程，對中國語文科成績的要求頗高，令不熟悉華語的多元族裔人士較難投身社福行業，更遑論要成為社工。目前香港只有二十多位多元族裔社會工作者。許多時候，華人社工在制定各類服務時，也會不自覺地按主流社群的特性和需要出發。此外，多元族裔人士來到主流的社會服務機構，都會遇到不少語言障礙，因為這些機構的活動單張、海報等往往都只用中文撰寫，忽略了他們的需要。

有社工解釋曾經邀請多元族裔人士接受輔導服務，但很快就遭他們斷然拒絕，社工唯有尊重他們的選擇。但值得留意的是，可能他們連輔導是什麼也未必了解。社工宜繼續向他們解釋，而不是就此停止接觸。海外一些地方很重視社會工作的文化敏感性，但香港在這方面仍在起步階段，需要急起直追。

觀念解說

社會工作者於介入時須具備文化敏感性（Cultural sensitivity），即對多元文化有相關認知、理解與接納，秉承以人為本的原則。

以商達公益

近十多年來，在政府的大力推動下，「社會企業」不斷發展。顧名思義，社企是「企業」，一般不會長期倚賴政府津助或捐獻，是以商業模式運作。它不只是一所普通的企業，具有賺取利潤的經濟目標同時，也有解決社會問題的公益目標，可謂一箭雙鵰（亦即「雙重底線」，Double bottom line）。

你或者會說，現時一般企業也需要履行「企業社會責任」，所以也符合社企的定義了。這也不無道理，但現時絕大多數的社企在創立之時，已具備以商業方式回應社會需要的使命。例如：有社企積極透過導賞體驗，推動社會共融（如「黑暗中對話」）；也有些是為社會上被忽略的群體提供恰當的服務或產品（如「平安鐘」）。此外，社企也不會像一般企業，把盈利分派給股東。社企所賺取的利潤，往往只能用於發展本身業務，或資助其他社會服務等。但當然，社企要兼顧「公益」和「盈利」殊不簡單，而香港很多社企是由不擅長營運生意的社福機構經營，所以大多數也長期虧損，倒閉的更不在少數。

在政府「創業展才能計劃」的支持下，一眾社企（例如餐廳、花店）為殘疾人士創造了就業和培訓機會，目的也是挺正面的。但值得留意的是，這類社企以聘用殘疾人士為主，令受聘的殘疾人士鮮有機會與非殘疾人士共事，或許不利傷健共融。而部份社企的運作模式與主流企業大相逕庭，令當中的殘疾員工不容易轉職至主流企業。如果我們想要的社企不光是「現代版庇護工場」，大家便要加把勁。

觀念解說

社會企業（Social enterprise）不只是一盤生意，也旨在達至特定的社會目的，例如為弱勢社群創造就業和培訓機會，幫助他們融入主流社會。

雙方的協議

社會福利署為不同的社福機構提供津助的同時，亦訂下《津貼及服務協議》，這些受津助服務單位須遵照《協議》訂明之要求，提供指定的服務類別及數量予服務使用者，以及依據指引提供服務。有關文件具有一定的約束力——若受津助服務單位未能達標，或會收到警告信，甚至遭到懲罰。這樣的要求，似乎也是合情合理。畢竟，社會大眾也關心撥款予社福機構的公帑是否用得其所。

值得社工留意的是，《協議》一定程度會左右受津助服務單位的工作方向。對於《協議》清晰列明的要求及指標，服務單位自然會「言聽計從」，嚴格遵守；至於「本子」以外的服務，往往便因為沒有額外資助，亦不受指標限制，所以單位難免會較少投放資源發展。那麼，如果《協議》只要求服務單位在微觀層面作出介入，單位也未必有餘力在中觀和宏觀層面提供服務。而且，《協議》對服務期限沒有要求，卻要求頗高的新收個案數目，就變相鼓勵服務單位有一個急速的個案流轉。身處其中的社工，忙於迎接新個案，也就傾向終結案頭上略為穩定的舊個案。

相信大部份讀者也會同意社福機構有向公眾問責的需要，而機構也應遵從《協議》的要求提供服務。不過，受津助單位不應純粹抱着「得人錢財，替人消災」的心態去應付《協議》內的要求，而是應該將服務進一步推展，務求與服務使用者同行。理論上，協議是由雙方訂立及同意的，絕非牢不可拔。社福機構有責任就當中所列出的要求及內容提出意見，並在有需要時向有關當局提出檢討要求，讓服務更加「以人為本」。

觀念解說

《津貼及服務協議》(Funding and Service Agreements) 是社會福利署作為津助提供者與社福機構的協議，當中列明社福機構作為服務營辦者須遵守的指標。

社企助共融

為探討企業推動職場共融上的角色及工作，以及社企可怎樣協助殘疾人士就業，我提出了「ABCD 框架」，以供大眾便於理解。首先，社企在合理情況下，應該為殘疾員工提供適當的「遷就」（Accommodations），包括安排較彈性的上班時間，添置無障礙配套設施等，以提高殘疾員工的工作效率。

然而，只着力於提供遷就並不足夠。社企的運作模式，不宜大幅度脫離市場做法。要知道社企的「商業運作場景」（Business-oriented workplace），有助殘疾員工掌握符合市場所需的工作技能，有利他們長遠的事業發展。如新生精神康復會所開設的便利店，便邀請了OK 便利店成為顧問，在營運方面提供實際的市場資訊。但與許多主流企業相比，社企應該更着重以「關懷態度」（Caring attitude）對待員工。除了提供合理的待遇及福利外，社企主管也需要營造一個關愛的工作環境，讓非殘疾的員工或顧客都能理解殘疾人士的特性，並提供適當的教育資訊，讓大家能以同理心理解殘疾員工的需要。

每個人都有其擅長之處，但如果沒有外在的要求（Demands），人就容易原地踏步，殘疾人士亦然。以聘用聽障人士為主的社企活髮社創辦人鄭毅敏敬告員工：「你是專業人士，不要用聽障作為藉口。」在考慮他們的能力及需要後，提出合情合理的要求及目標，便能使他們的表現與日俱增，充份發揮潛能。

觀念解說

香港大部份社會企業是WISE（Work-integration Social Enterprise），是指為有需要人士提供有薪就業及在職培訓機會，以達到建立共融社會（Inclusive society）的目標。

公益與盈利

有一些社會服務項目，能為社會帶來莫大的益處。可是，這些項目仍可能因為財政困難，而無法繼續維持下去。這樣的情況下，管理人員不單止要嘗試努力控制成本，也要懂得評估項目所產生的社會效益。根據以往很多的案例，只要能夠清楚闡述項目的表現，不難獲得政府和社會人士的財政支持。問題是一些社福界管理人員，停留在自我感覺良好的階段，未學懂如何有效展現出服務項目的社會效益。

但有些情況則恰好相反。有些服務項目對社會的好處並不明顯——只是一個賺錢的項目。在這個情況下，管理人員應該如何是好？當然，管理人員可嘗試努力提升項目對社會的效益。若未能成功，只要這些項目不為社會帶來負面影響，也值得保留。金錢不是壞東西，既然項目有利可圖，就可以將所賺取的金錢資助其他項目，何樂而不為？然而，一些服務項目對社會既沒有太大的幫助，而又陷入財政困難。在這情況下，管理人員應該致力提升其社會效用，而若未能改善，就需要考慮結束這些項目。畢竟，社會需要的服務很多，但資源

有限，必須作出取捨。若長期補貼效
用不大的虧損項目，也就會分薄了其
他項目的資源。

還有一種社會服務項目，能夠為社會
帶來效益，而且能自給自足地應付
營運開支。有些社工朋友一聽到「盈
利」、「市場」等字眼，便嗤之以鼻。
但其實，公益與盈利不一定對立；也
有一些諸如僱員支援計劃、社會企業
等項目不用政府補貼，卻能在獲得
利潤的同時，確切地解決不少社會問
題。這些成功項目不單止需要保留，
還值得發揚光大。

觀念解說

自負盈虧（Self-financing）的
項目並沒有受到政府的恆常
津助，而需要透過盈利自給
自足。

本部份重點

- 社工不應過度聚焦於服務使用者自身的狀況，應不時以宏觀的角度看社會對不同人士的影響，運用創新思維設計內容。而活動推廣宜從服務使用者的角度思考，讓更多有需要人士得到全面以及與時並進的服務。

- 社工帶着使命幫助服務使用者，回報不能以金錢衡量。

- 社工於介入時須具備文化敏感性，顧及多元族裔人士的處境，鼓勵他們使用社會服務。

- 非政府組織的董事會要認真履行董事職責，包括為組織及其員工提供策略及監察，避免側重於某類人士的利益，並尊重受薪的管理人員，給予管理團隊自主空間處理日常事務。

- 機構文化對員工有約束的功能，也是推動員工朝向機構大方向提供服務的力量，員工個人的工作態度與習性也會受到熏陶。

- 主管需具備承受壓力的能力，情緒穩定，對下屬有嚴格而清晰的要求。同時亦應多聆聽意見，以同理心了解大家的難處，坦誠溝通，鼓勵思考。

- 社福機構在招聘員工時要先了解空缺崗位的具體任務和職責，然後分析該職位合適人選需具備的條件，細心選拔。

- 社福機構管理層宜滿足員工不同層次的需要，發揮員工潛能。

- 社福機構需保持與社會大眾良好的關係，並具備危機處理的能力，從而促進大眾對機構工作的支持與參與度。

- 社福機構不應只按《津貼及服務協議》內的要求提供服務，而該進一步推展服務，並有責任適時向津貼方提出意見。

第六部份
專業發展與持續學習

當畢業之後

完成社工課程，是晉身社工專業的「入場券」。不過，許多社工課程的畢業生，在完成訓練並取得專業資格之後，心裏仍覺得不夠踏實，渴求老師為他們提供一些實際的「售後服務」。因為當要面對真實的服務使用者，往往察覺許多在學院學過的知識，都是「中看不中用」。即使是那些應付考試綽綽有餘的優才生，在入職之初，也會質疑自己的能力，不太懂得處理真實的「奇難雜症」。

我對社工新手那種自我質疑不感稀奇。同學一般年紀輕輕，亦缺乏人生歷練，對服務使用者生活上的窘境難有深刻了解。而社工所面對的實際工作處境千變萬化，別休想可隨便對着理論依樣畫葫蘆。要就服務使用者的情況作出迅速而又到位的回應殊不簡單；才剛剛畢業便胸有成竹的話，或者只屬「不自覺不勝任」（Unconsciously incompetent）；若能察看到事情的複雜和發現自己的不足，才可算進入「自覺不勝任」（Consciously incompetent）的階段。

同學要知道，發覺自己的不足，乃個人專業發展的重要一步。且不用灰心，一個能持續實踐理念又不斷反思的社工，絕不會長期沒有進步。隨歲月慢慢累積經驗後，就可望進入「自覺勝任」（Consciously competent）的階段。而當知識技巧內化，甚至能達「不自覺勝任」（Unconsciously competent）的更高境界。

觀念解說

當社工有足夠的經驗與技巧，以致能輕易投入工作並達成所需要求，他／她便能不自覺勝任（Be unconsciously competent）自己的崗位。

社工的出身

我們可以把社會工作者粗略地分為三類。第一類是「學院出身」。他們從大學畢業之後，就投身社會服務機構擔任社工。他們擁有學士或碩士學歷，公開試成績或者不錯，通常具有比較良好的語文能力。他們在考試場上身經百戰，對主要的學說和理論也頗為熟悉。然而，他們的實務經驗以至人生經歷，一般也比較少。

另一類是「紅褲子出身」的社工。他們本來只有中學學歷，但卻一步一步，由擔任活動助理或福利工作員開始，透過工餘時間再進修，慢慢晉升為社會工作者。他們已在社福機構打滾了一段日子，對於行內術語、服務流程，大概也不感陌生。我教授兼讀課程時，有不少學生已在社福機構工作，甚至已有帶領小組和籌劃活動的經驗。他們的好學程度比全日制同學有過之而無不及，這是因為工作經驗令他們自知不足。雖然他們能夠模仿其他同工的行事方式，但卻自感未能掌握完整的介入藍圖，以及行事背後的邏輯和信念。畢竟，要成為真正的社工，就不能只擔當嫻熟的「執行者」（doer），也必須是行事有據的「思考者」（thinker）。

還有一類屬「中途出家」的社工。這些社工在其他工作領域已有一定的經驗，但因對社會工作感興趣而修讀社工碩士等課程。他們帶着本身的知識和經驗，加入社工行列，也就滋潤了社工專業本身，引發更多可能。不管是怎樣的背景，社工們都應該以謙遜的態度互相學習、互相補足，繼續提升專業水平。

觀念解說

在不同領域、範疇內的專業知識，一般都被稱為行內術語。工作員應避免在面對服務對象的時候運用這些術語，而是用平白易懂的字句與他們溝通。

學習的真諦

筆者曾任教社會工作銜接學士學位課程。甫開學之始，我與同學在閒談間問及他們報讀這個課程的原因：除了想透過提升學歷，從而升職、加薪之外，也有不少同學渴望在知識層面上有所增長。他們進入職場後，往往會覺得之前從副學士／高級文憑課程所學到的知識十分有限。但我質疑，純粹知識「量」的增長，稱得上是真正的學習嗎？學懂多幾個介入方法的用處有多大？

關於學習的真諦，雷吉・雷文斯（Reg Revans）提出了一條關於學習的公式：L＝P＋Q。這裏的「L」就是學習（Learning）；「P」是程式化知識（Programmed knowledge）；而「Q」則指是對知識的叩問（Questions）。作為社工，我們學習過五花八門、不同種類和門派的介入理論，而它們都屬於「P」。學生通常也熱衷於學習不同的介入方法，旨在多一技傍身，增強介入的自信。然而，社工在實務上面對的處境，跟書本所述或老師講授的也不盡相同。若只顧將這類既有的方法生搬硬套於服務使用者身上，難免會出現削足適履、紙上談兵之窘態。

我們不需要否定程式化知識的好處，但「學而不思則罔」，有意義的學習不止於吸收新的知識，還需要提出有啟發性的問題，並多加進行分析，才不會淪為鸚鵡學舌。通過不斷思考和反思新學的程式化知識，同學才能將理論融會貫通，以回饋服務使用者：站高一點，才能看出一片新天地。

觀念解說

社工學生在學習過程中，要對新學到的內容加以消化，包括要掌握要旨、追問其理據及思考如何將知識實踐出來。

頭頂的天線

有讀者詢問阿濃:「寫作人怎樣可以有源源不絕的題材不斷寫作?」阿濃笑言,自己頭頂放置了一支「無形的天線」,可接收到身邊的每事每物。於是,他和許多作家一樣,也不愁沒有靈感,寫作題材幾乎俯拾即是。作為社工老師的我,有興趣知道:那支「天線」在哪處發售?有否設團購?

社工學生於實習時,老師通常要求同學撰寫反思日誌。學生可以將實習時的所見所聞,以及感悟筆錄下來。老師透過閱讀反思日誌,也可了解學生實習情況,及時提供意見。這類功課跟平常的不同,沒有既定的格式,令不少同學感到迷茫。部份同學的日誌偏重記述事情,欠深入反思。我想,他們正正需要像寫作人一般,對周遭事物敏感,令他們可以在遇到的人和事中有所反思和發現。只可惜有同學比較被動,仍未習慣大專生的學習模式,常常等待老師發出指示。也有同學投訴,自己被派往的實習單位平平無奇,又或自己未有被委以重任。他們大概不知,在抱怨的同時,其實已錯失了許多

學習良機。我不想怪責同學（雖然已責怪了！），他們不過是「填鴨式教育」的受害者。

能否透過撰寫反思日誌去學習，關乎學生自我學習、主動學習的能力。更該反思的，其實是我們這些教育工作者。我們有沒有給予相應的空間，讓同學多動腦筋、多去思考？有否提供足夠支援，讓同學有信心主導自己的學習？在教授知識外，又曾否着力幫助他們學會怎樣學習？我自己比較幸運，第一次實習便得到鄺偉文老師的啟蒙，令我愛上觀察和思考，教我畢生受用。

觀念解說

社工同學在實習過程中的自主學習（Self-initiated learning），能幫助其觀察更多社會現況、服務需求，以及不同的介入技巧，並作出適當的反思，以成為更好的社工。

環境會食人

社工常言「人在環境中」（Person-in-environment），強調服務使用者往往受到身處的環境所影響。因此，輔導不止關注個人的情況，也當考慮個人與環境之間的互動。但有趣的是，社工提起「人在環境中」這概念時，多數只會把焦點放在服務使用者身上。然而，社工也是人，或多或少也同樣受環境影響。因此，我提出「社工在環境中」（Worker-in-environment）這概念。

我見過一些原本性情溫柔的社工，會在中途宿舍中對精神病康復者呼呼喝喝。這也難怪他們，因現時大多數中途宿舍仍去不掉「『專家』模式」——職員常擺出高高在上的姿態，在裏面工作，少不免有所習染。有一位在中途宿舍工作的社工告訴我，她喜歡在宿舍內與「不是她負責跟進的舍友」閒談，甚至噓寒問暖；但一面對自己負責的舍友，她反而會馬上板起面孔、嚴肅起來。為什麼？因為一遇見自己要跟進的個案，就會想起要管束他們有否按時服藥、上班等等，這些是她受命要執行的工作責任。

我的學生走訪過社福機構後，往往會
以批判的態度，對社工的冷漠和官僚
行徑議論一番。聽罷，我會表示欣
賞，但也不忘提醒這群準社工：「請
你們把自己現在所說的話牢記於心，
我最怕不消數年，你們在工作崗位上
也會不由自主，幹一些你們現在看不
順眼的事情。」

觀念解說

受工作環境影響，社工可能
會不自覺依從「專家」模式
（"Expert" mode），顯得高高
在上，可能會影響其與服務
對象的交流。

自我的探索

有想報讀社工課程的申請者好奇問:「為何在大學的社工課程中,竟需要進行『實驗』?」所說的,是其中最受歡迎的一門課「個人發展實驗課」(Self-development laboratory)。與一般課程教授各種理論和實務技巧不同,這門課的主要內容是與同學進行深入的交流,話題涵蓋家庭、性格、價值觀到戀愛等。同學參與程度特別高,流下的眼淚也特別多。課程意不在灌輸外在的理論和技術,其目的乃協助同學誠實地面對自己。

要裝備同學成為社工的話,這類課程必不可少。社工學生要習慣認識自己,並多和自己交談。與許多別的專業工作不同,社工介入時不可能完全自我抽離。每個判斷都不只是技術性的,而是包含了一定的主觀看法。人非草木,我們往往容易受到過往經歷和出身背景影響我們的判斷,例如我們總會對某些人、某些事特別討厭。那麼,雖然社會工作是一門專業,但社工卻很容易跌入自我中心的陷阱,變得固步自封,甚至將自己一孔之見強加於服務使用者身上。有時候會出現「情感反轉移」,意思是社工把自己的遭遇,投射到服務使用者的身上,

或令專業判斷受到影響。但可怕的是，社工的工作不容易被監察。現場督導（Live supervision）並不常有，個案若欠妥善處理，紀錄也或會全由社工自己撰寫。

為保障服務使用者的利益，社工除了要照顧服務使用者的情況，更要敏銳地觀察自己的情感和偏執。每當自己被個案的某些情況挑起情緒，就應該要細心了解導致這些情緒的因由。所以，除了為社工學生提供自我認識課程，也需要為現職社工提供類似的空間，協助社工發掘一些自己被抑壓的情感。定期的督導也十分重要 —— 畢竟，要發現自己的盲點並非易事。

觀念解説

情感反轉移（Counter-transference）是指工作員將自己經歷或感受投射到服務使用者身上，影響專業工作。

知識的來源

雖然我們知道社工的介入工作必須是以知識為基礎，可是有一個公開的秘密：不少現職社工不再倚重當年學院所學到的知識。因為他們覺得，在職場所累積的實戰經驗更為實用。作為老師的我，對此並不感到尷尬。根據摩根、羅伯特和麥克提出的「721學習法則」，正規的培訓對我們的影響的確非常有限，我們成人獲取的知識，有70%來自實際的生活和工作體驗，有20%則是透過和其他人合作、交流所獲取，只有10%才是來自正規的學習。

那麼，學院所學的還有用嗎？社工教育是透過社教化過程，從而裝備同學投身社工專業。而課程所學的知識框架也提供重要的基礎，促進他們持續學習。即使正規課堂所教的知識對學生的影響只佔10%，但我相信課堂仍有其價值所在，視乎社工同學能否消化相關知識。前財政司司長梁錦松說：「賺的錢不是你的，用的錢才是你的。」這句話套用到知識上也許更合理。不管是從老師口中聽到、書本中看到的知識，甚或在考試中曾寫過出來的知識，也並非由我們所擁有。只有經過深思和實踐，那些知識才真正屬於我們。因此，社工老師不應只

顧在課堂上把理論硬塞給學生，也要讓學生「學會學習」。

至於其餘 90% 的知識來源，當然也不容忽視。比方說，當新入職社工要支援犯罪違規青少年時，不能光靠課堂上和書本上的理論。社工可透過回想自己曾經有過的反叛，或者向職場上的前輩請教，往往更能學懂如何協助這些青少年。而社工自己通過具體實踐，並加以反思，便能累積貼地、實用的知識了。

觀念解說

社教化（Socialization）是人類學習必經的過程，通過社交和互動，學習社會規範和大眾行為，並融入社會體系。

持續的學習

每一個社工都曾接受專業訓練，但是社會變化急速，昨天的知識、技巧，未必能應付今天的服務需要。現時社會工作者註冊局認可的社工課程，主要是訓練通才而非專才。畢業後，社工通常會專注於某項服務範疇，因此或需要繼續學習某些比較專門的知識。所以，社工在畢業後持續進修十分重要。

跟許多其他專業不同（如醫生、護士、職業治療等），社工註冊局並沒有強制社工參加持續進修課程。而該局曾經推行的自願持續專業發展計劃，也未能吸引多數社工定期申報進修時數。話雖如此，社工註冊局曾就社工持續進修進行問卷調查；結果發現，大多數註冊社工都一直參與持續專業發展活動或課程。事實上，坊間所開辦的進修課程，其實仍頗受社工朋友的支持。現時很多機構在社會福利發展基金的支持下，會在機構內為員工舉辦各類在職培訓課程，員工也會踴躍參與。透過持續進修，社工可以溫故知新，以應付日新月異的挑戰。而由於他們已具備一定的實務經驗，學習動機應該更強，也可以把工作上遇到的問題帶進課室，跟導師和其他同工一起切磋。

現時資源多了，坊間有林林總總的訓練課程介紹各類新穎的介入方法。內容或許是吸引的，但有時效果卻曇花一現，對解決日常工作困難沒有實質的幫助。我想，回歸基本步也不容忽視。回想以往，社福機構比較重視定期督導，社工可以透過和前輩交流而穩健成長。但今非昔比，你還記得上一次上司跟你認真討論個案是何時嗎？

觀念解說

在社會工作中，督導（Supervision）不論在社工課程還是實戰工作中，都起着舉足輕重的作用。督導不但給予機會讓前線社工反思介入手法和技巧，亦能加強前輩與後輩間的交流，促進彼此進步。

清晰的紀錄

學過駕駛的朋友會知道，轉線時除了要打燈外，還需要望倒後鏡、擰頭。而為了在考試時讓考官輕易看出學員有注意道路情況，初學者或會習慣把頭擰得明顯一點，但有經驗的駕駛者是不會這樣誇張擰頭。這便很像社工實習學生需要把他們在介入時運用過的技巧，清楚地在工作紀錄中羅列出來。正常情況下社工未必會意識到自己使用了什麼技巧，但讓社工實習生記錄運用過的技巧，卻有其不可忽視的作用。

社工實習學生需要撰寫「個案面談報告」、「小組過程紀錄報告」等功課。同學可能會覺得一些諸如點頭、身體微微傾前和語意簡述等技巧過於簡單，根本不值一提。有時同學甚至根本沒有意識自己運用了這些技巧，因為真正介入時往往需要同學即時作出回應，未必有足夠時間思考。但在一節介入完結後，同學要細心整理介入經驗，包括將介入時所用的技巧，與已懂的相關概念聯繫起來。舉一個簡單的例子：當一位服務使用者說出一連串對丈夫的期望後，社工同學點點頭，然後詢問她：「那麼，你猜你丈夫會對你有什麼期望？」過程中，同學鼓勵了服務使用者作出「角色取替」。但若果在報告中沒有提及這

個概念，只平舖直敘雙方對話，便是
「捉到鹿唔識脫角」，未能將不同的
「資訊碎片」與所學的理論及技巧連結
及整合過來。

文字紀錄是疏理思緒、整理經驗的好
方法。將一些比較抽象的概念，結連
到具體的實務經驗，更是學習過程中
重要的一環。而同學也要知道，督導
主要是靠閱讀同學撰寫的紀錄和報告
來了解他們的表現。同學所運用的技
巧不一定最恰當，但若不清楚記下，
督導也只能獲知模糊的描述，就難適
時指正同學了。

觀念解說

角色取替（Perspective taking）
着意讓服務對象透過設身處
地代入他人處境，使其明白
他人的想法與需要。

迎新與送舊

持續進修、自我增值等概念近年不絕於耳。不少社工朋友也熱衷於報讀不同的課程，學習各樣的新技能。然而，若要提升自己的境界，需要的不光是吸收新的知識，還需要檢視自己固有的執念和習慣——舊有的一套或已成為我們行事和判斷事情的主要準則，若只把新的知識放在過時的認知框架之上，便難以帶來新的啟發，阻礙我們更上一層樓。

若不懂破舊，就難以立新。社工雖然接受過專業的訓練，但跟普羅大眾一樣，也一直被社會文化影響着。因此，我們很可能從小便耳濡目染，在不知不覺間依從了傳統的性別角色定型，還有社會上的階級觀念等封建思想。同時，我們亦會受個人經驗影響，局限了我們對世界的認知，形成所謂的「盲點」。盲點乃自己不容易察覺的一環，故大概不會有人説：我對自己的盲點瞭如指掌。「吾日三省吾身」，若不以謙虛的態度作自我省察，或不容易去除這些一直被視為理所當然的舊有想法。如此説來，經驗其實是一把雙刃劍：它可視為寶貴的

資產，也可成為阻礙我們成長的絆腳石。資深的社工可能在機構之內位高權重，敢於向他們提出質詢的人實在寥寥可數，思想或會變得更加牢固而不自知。

要打到昨日的我，或推翻自以為行之有效的習慣，亦殊不容易。除了要有海納百川的廣闊胸襟之外，也宜藉着海外考察、機構交流等活動擴闊視野。而在日常的工作中，最好亦能廣結一些樂意向我們提出質疑的同輩。若果我們只喜歡與自己意見相近的人一起共事，對異見充耳不聞，便會故步自封，落入停滯不前之境。

觀念解說

忘卻所學（Unlearning）並不是要求自己完全忘記以往學習過的知識，更重要的是與時並進，跟着時代的步伐，不斷更新知識庫存，從而充實自己。

094

七天改不了

達明一派的《十個救火的少年》由潘源良作詞，歌詞講述在艱苦困難之中，本來古道熱腸的一群救火少年逐一離隊。結果，「被撇下了這三位成員，沒法去令這猛火不再燃，瞬息之間葬身於這巨變」。要是認真細味歌詞的話，難免令人感到唏噓。現實之中，社工在推動社會改變的過程中，也不免會感到孤單和洩氣。

上帝不用七日就已經創造了天地，但我們作為凡人要明白，推動社會進步需時絕對不只七天。現在我們所享有的成果，不少也是靠前人日積月累，努力爭取而來的。以殘疾人士爭取交通優惠為例，由立法會到民間，需時十年才取得成功。過程中固然會遇到冷漠回應，但仍有人帶着一股傻勁，默默耕耘，才能為現在的殘疾人士爭取到一點福利。又例如，為解決塑膠污染問題，環保人士爭取「走塑」多年，終於漸漸得到商界領袖的支持。回望過去，成功不是必然，而是靠着一些人有的一份堅持，才令本身難如登天的事逐步實現。至於尚未成功的例子，想必讀者也能想到多如牛毛的事情，在此不必贅述。

作為社工，不能太過天真，以為社會的進步可以垂手可得。或許我們只能抱着這樣的心態——只問耕耘，不問收穫。若果所爭取的議題，真的對社會大眾有所裨益，那就當竭盡所能，默默推動。或者，一時三刻的挫敗，將成為我們走向成功道路的印記。

觀念解說

社會工作者一直致力推動社會改變（Social change），期望改善現時大眾生活的質素，創造更適切的社會環境。

共存的智慧

社會講求問責制度，當然是合理的，但如果演變成「孭鑊文化」，則另作別論。若果出現自殺、家暴等個案，管理層或輿論就容易聚焦於追究當中有否社工失職，難免為社工帶來沉重的心理壓力，令大家力圖避免「孭鑊」。當日服務社會的心志，很容易便被這樣的社會現實所蠶食。

現在當社工，需要處理的個案數量眾多。萬一處理不善，就可能成為眾矢之的。於是，一些社工但求按本子辦事，無風無險順利結案便算「功德圓滿」。記得當我仍在機構擔任社工時，得悉一位服務使用者有自殺的傾向，於是我立刻聯絡轉介人，也就是服務使用者先前的醫務社工，和她商量對策。電話雖然接通了，但我還沒來得及向那位醫務社工交代該位服務使用者的詳情，已經被她打斷：「啊，對不起，這個案已經結案了。」當刻我感到很氣憤：事情攸關人命，何解仍拘泥於是否已經結案？即使個案已經結束，是不是也可以關心一下，而非急着掛斷電話？幸好，那位服務使用者後來情緒穩定過來。這事件讓

我思考：在僵化的官僚體制下，怎樣才能保存服務的熱誠？

要保存初心，最好能遇上志同道合的社工，彼此扶持、提醒。有些時候，看到剛入職的社工那份熱誠，也可以喚起資深社工的初心。即使在僵化的制度下，好社工仍大有人在，只是需要大家學懂一點與制度共存的智慧。

觀念解說

問責制度（Accountability system）着重分配責任與罪責，以解釋並交代發生過的失誤或負面事件。

成長急不了

我有一些在社福機構任職管理層的朋友，他們知道我在大學裏任教社會工作，間中會跟我談起初職社工的質素。有一類朋友會以老一輩口吻，慨嘆現在的新入職社工「一蟹不如一蟹」，甚至抱怨學院教導無方。另一類朋友比較包容，他們不是不知道年輕人的不足，但卻會說：「大家都曾年輕過，當我們仍是小伙子時，何嘗不是傻乎乎的？」他們已有一定年資，卻着眼於年輕人的創意和勇氣。

我自己則遊走於以上兩類朋友之間。雖然曾附和前者，但由衷希望自己變得更謙卑，能向後者靠近。已經「上了位」的同事，應該多體諒年輕社工。以往社福界的工作節奏沒有現在那麼急速，剛剛入行的新丁尚有時間、空間適應環境和掌握工作技能；現在，上司期望新人「埋位識做」，其他同事只是應付案頭上的工作已疲於奔命，根本沒有時間照顧新人。初出茅廬的社工，唯有靠自己掙扎求存。

其實由學院步入職場，年輕社工都需要一點調節心態的空間，但他們身上卻沒有掛上 P 牌 —— 沒有人把他們當作學生，大家自然也會

對他們有一定要求。雖然完成社工訓練，但始終需要時間掌握實際工作的程序，以及職場的潛規則──畢竟，人都成長需時。咦，現在慣於挑剔新人錯漏的前輩，難道在年輕時不用適應便「埋位識做」？

觀念解說

畢業後初投入社工職涯的初職社工（Early career social workers），需要時間適應社工崗位的責任和挑戰。

熱誠與怠倦

偶爾在街上碰過一些年輕同工，他們身穿一件深藍色衣服，上面除了印有「Social Worker」之外，還配以以模仿某知名服裝品牌作為靈感的標語：「極度疲憊」。這件襯衣頗受年輕社工歡迎，大概也能反映同工的心聲。然而，非行內人士看到，或者會摸不着頭腦：社工雖然也要負責一些外勤工作，另外亦需要處理不少個案、小組和活動，但我們大部份時間也不用日曬雨淋、搬搬抬抬，何解會如此勞累？

社工所承受的疲累，是心累。不少社工在入職前，往往都滿腔熱血，懷着雄心壯志希望能服務人群、改變社會。隨着年月，那份初心也許會被無窮無盡的無力感磨蝕：目睹不同服務使用者辛酸的故事，自己卻力不從心；即使努力耕耘，但戲劇性的轉變，總鮮有發生於服務使用者身上；眼見負責的個案情況起伏不定，甚至轉差，亦難免會帶來沉重的打擊；甚至漸漸會發現自己不過是體制下、機構裏的一名小職員，能作決定及控制的事情十分有限 —— 先別説為服務使用者改變社會制度，有時想為自己爭取合理的工作待遇也絕不輕易。想到這裏，我們就會容易陷入茫然的惆悵。

你有如此怠倦的感覺嗎？如果有，恭喜你，證明你還未成為「老油條」，因為你仍會把服務質素放在心上。不過，你在「愛他人」前，亦要學懂「愛自己」，例如：多與志同道合的同工交流、調整對自己的期望等。做社工有如駕駛車輛：「加油」有時，「減速」也有時，而適當時候「停車」亦是必須，為的是走更遠的路。這些老生常談的自救方法，對社工們來說可謂耳熟能詳，卻往往能醫不自醫。

觀念解說

社工的職業怠倦（Job burnout）不止令工作效率下降，也不利社工自身的身心健康。

對抗無力感

充滿理想的年輕社工，常會抱怨現實充滿掣肘。即使內心憧憬着烏托邦，卻發現難以靠一己之力實現夢想。當夢想破滅之後，焦點便會放在「如何自保」，寧願過着平穩、安逸的生活，也不想再奢談夢想，不想回望當日天真的自己。眼見他人談理想，只輕輕的暗笑：「何必認真？」沒有期待，才沒有失望。

的確，有些事情，或不由我們自主。機構像一部大機器，不停地運作，而我們只是一粒小螺絲。為了繼續得到資助，受社署津助的服務單位，不得不達成《津貼及服務協議》所要求的服務量標準。個別同工為了保住飯碗，也只能按單位主管的要求，把指定的工作完成。有社工抱怨，這些上頭定下來的要求，形成所謂的「跑數文化」，令同工疲於奔命，出現「重量不重質」的情況。但值得商榷的是，當局訂下的那些服務目標，不也應該是機構所願？要不，機構不應該盲目參與。而社工當日加入機構時，也應該大抵認同機構的宗旨和使命。更根本的問題是，在現實的局限之中，是否真的沒有空間去發揮意義？

只要理想不被現實磨滅，我們都可多行一步。首先，服務協議並不是沒有商量的餘地，問題在於能否提供清楚的理據，以及與不同機構團結地向當局反映。而服務單位仍可以發展服務協議以外的工作項目，以回應社會的服務需要。雖然不少社工忙得不可開交，但也可以有策略地「達標」，騰出空間完成更有意義的工作。

觀念解說

現實的工作掣肘令社工容易失去發揮空間，但在現實的局限之中，仍有一定的空間做有意義的工作。

妥協中堅持

喊叫激昂口號不單止容易，更很容易讓自己沉醉在激昂的情緒中。而當與信念相近的夥伴圍爐取暖，更會得到猶如置身於烏托邦的快感。的確，人不時需要被激勵，砥礪前行，以避免意志消沉。但激情過後，我們仍要思考：我們能為社會帶來什麼實質有益的改變呢？

在我們社工行業當中，有不少「感性強、理性弱」的同工。他們對基層人士抱着憐憫之心、對公義相當執着，並且樂於奉獻自己改變社會，這些特質都是可敬的。但要實踐社工的使命，不光要有捲起衣袖、勇往直前的魄力，還需要懂得與現實周旋的智慧，畢竟社工必須活在制度之下。而制度中難免存在一些未如理想的限制，我們大概不可能用心目中的烏托邦作為標準，否定一切未如理想的程序和規範。即使覺得道理在自己一方，也要明白改變不可能在一夜間發生。然而，思想過於浪漫的社工，會不懂在現實社會中自處，而變得憤世嫉俗、自怨自艾。

引用已故朱志強老師語，社工當「在妥協中堅持盼望」[1]。但仍必須強調，這種妥協不是為了自身的利益，而是為了社會的益處。這亦不代表要放棄心中的理想。念念不忘，必有迴響：要使社會慢慢變成理想中的樣子，需要堅毅和耐心。

觀念解說

社工要在理想和現實之中，拿捏恰當的平衡點。有時候，妥協或是必須，但妥協不是為了自身的利益，而是為了社會的益處。

註釋

1　出自〈在妥協中堅持盼望〉一文，刊於曾家達、梁玉麒的《微光處處》，香港社會工作者總工會出版。

局限中突破

不管你喜不喜歡,我們都活在規範之下。而絕大部份社工,也受聘於政府或其津助的服務單位。為作出有效監管,有關當局對服務手法及成效指標都有一定的要求。以到校服務為例,學校獲教育部門撥款,聘請社工為學生提供情緒、減壓、生涯規劃等服務。面對龐大的服務數字時,不少社工難免會覺得自己淪為「跑數機器」,甚至有疑惑,弄不清自己究竟是與服務使用者同行,抑或只是應付「買方」的期望。

社工往往需要按當局設定的框架提供服務,但那些活動預定的題目和形式,不一定受學生的歡迎。加上這些活動往往只是單次性,社工與學生該為素未謀面,難有深度的交流。許多時候,不單止聽眾心不在焉,主講的人也顯得沒精打采。現在的學校也設教師發展日,而我間中也有作客提供培訓。每次接受邀請,我也會認真向校方了解期望,但部份代表總給我敷衍了事的感覺,彷彿我說什麼也不重要。不過,做好需要評估,是講者的基本責任。而有一次,學校邀請我為老師主講「減壓方法」。我預備內容的時候,請教了一些在中學工作的朋

友，問他們對題目內容有什麼期望，其中一位朋友毫不諱言：「老師最期望你緘口不言，好讓他們可以休息一小時。」

眼見老師出席密集的培訓，一場緊接一場，疲倦不堪。老師們在台下看手機或批改習作，我已見怪不怪。雖然有點不是味兒，亦無法把原先的講座改成休息時間，但我仍提醒自己：要盡量令講座多一點趣味和互動成份。全體老師就在我面前，我有難得的機會，向他們傳遞正面的訊息，就當好好把握。那管只有十分之一老師把我的說話聽進入耳，也挺有意思。我們的工作當然有着不少限制，值得思考的是：我們如何在限制中創造可能？

觀念解説

購買社工服務的一方，自然會對社工服務有一定的期望。但社工的目標不光是滿足他們的期望，還須履行社工本身的專業使命。

本部份重點

- 社工應不斷反思，敏銳覺察自己的情感、不足和偏執，進行定期的督導發掘自己的盲點。同工間亦應以謙遜的態度互相扶持，參與活動擴闊視野，提升專業水平。

- 社工學生在學習過程中，要對內容加以消化，在日常多進行觀察和思考。

- 社工要小心受工作環境所影響，不自覺地開啟「專家模式」，緊記要與服務使用者同行。

- 社工教育強調社教化，先以知識框架提供重要的基礎，並讓學生透過具體實踐知識並加以反思，裝備自己投身社工專業。

- 文字紀錄是整理經驗的好方法，亦有助督導從中了解同學的表現並加以指正。

- 社工在推動社會改變的過程中難免會感到失望，宜保持堅毅的意志，竭盡所能關注對社會有裨益的議題。

- 初職社工需要適應社工崗位的責任和挑戰，前輩宜多包容並欣賞他們的創意和勇氣。

- 社工要懂得「愛自己」，尋找自救方法，以減輕隨着年月可能出現的職業怠倦。

- 社工要在理想和現實之中拿捏恰當的平衡點，妥協但不忘保存初心，在局限中做有意義的事情。

後記

執筆之時，社會遭逢許多叫人措手不及的改變，新冠肺炎疫情在世界各地肆虐，一度使整個世界停擺。然而該做的事情還是要繼續，該過的生活還是要過下去，我們只好找個可以適應新處境的方式過活，因此許多本來我們習以為常的行事方式、規則和社會運作都必須改變。無論一切多麼困難、混亂，社會還是要繼續向前。

儘管我們找到了適應世界新秩序的生活方式，有時還是少不免感到困頓和迷茫，眷念起過去曾經自由自在的日子，而這樣的懷緬卻更顯得眼前的道路荊棘滿途，充滿考驗。但路就在眼前了，再迷茫我們還是得走下去。越是困乏的日子，我們就越要想有什麼可做。

每個人都有不同的定位，若果要我撰寫一本資料詳盡、內容嚴謹的教科書，這恐怕算是一件苦差。不過，我倒是喜歡閒來以短小篇幅的文字，把所思所想記下來。我也喜歡看散文，中學時愛看阿濃，大學時愛看亦舒、吳靄儀，還有龍應台、周國平等等，這些作家文章的點點滴滴滋潤了我的成長。我從不敢輕看散文的力量，過去在閱讀雜文時所吸收的知識，比從課本中得到的有過之而無不及。而他們的文字，也成了我困惑時的啟迪。因此，我習慣課後以文字把思緒記錄下來。

其實，我一直以來都非常希望能再寫一本類似《7 天學不了輔導》的小品，普及與社會工作有關的知識。然而，因忙於撰寫學術論文，我

還未有餘力把計劃付諸實行，只能把這個未了的願望放在心底。要修飾自己那些平日寫下、略顯散亂的文字，以及把它們整理成一篇篇的散文，也要花點氣力。而近年高等院校對科研產出的要求不斷提升，我花時間寫這些散文，大概會被視為「不務正業」。但在我看來，社工學者以淺白文字向社會大眾講解什麼是社會工作，也是我們重要的「正業」。我喚醒了當日投身社工教育的初衷，緊守自己的角色，以專業精神克盡己任，做好眼前的每椿「正業」。如今本書已成，算得上是我在夾縫之間做出的小小成果。準備過程中，得到不少舊生包括黃筠媛的提點和協助，使本書得以面世。

我希望透過一百篇文章，喚起讀者對社會工作的興趣和關注。與此同時，我也希望透過文字，向關心我們社會的讀者打氣。社會或不因我們的努力而進步，甚至有時候，社會退步得叫人不堪回首。我們或因此而感到無奈，甚至不忿。但林語堂提醒：「目光看遠一點，你就不傷心了。」